D1688703

Conrad Ferdinand Meyer
Die Richterin

Juristische Zeitgeschichte
Abteilung 6, Band 60

Juristische Zeitgeschichte
Hrsg. von Prof. Dr. Dr. Dr. h.c. Thomas Vormbaum
(FernUniversität in Hagen, Institut für Juristische Zeitgeschichte)

Abteilung 6:
Recht in der Kunst – Kunst im Recht
Mithrsg.
Prof. Dr. Gunter Reiß
(Universität Münster)
Prof. Dr. Anja Schiemann
(Deutsche Hochschule der Polizei, Münster-Hiltrup /
Ab Sommersemester 2022 Universität zu Köln)

Band 60

Redaktion: Katharina Lukoschek

De Gruyter

Conrad Ferdinand Meyer

Die Richterin
Novelle

1885

Mit Kommentaren von Thomas Sprecher
und Walter Zimorski

De Gruyter

Dr. phil Dr. iur Thomas Sprecher: Rechtsanwalt in Zürich. Privatdozent an der Universität Fribourg. Von 1994 bis 2012 Leiter des Thomas-Mann-Archivs der ETH Zürich. Mitherausgeber der Großen kommentierten Frankfurter Thomas-Mann-Ausgabe.
Walter Zimorski: Lehrte nach dem Studium der Germanistik und Philosophie an der Ruhr-Universität Bochum neue deutsche Sprache und Literatur an Volkshochschulen im Ruhrgebiet. Kommentare zu literarischen Werken in dieser Schriftenreihe u.a. zu Storm und Fontane.

Textgrundlage: Der Text folgt der Erstausgabe von 1885. Die Rechtschreibung wurde modernisiert.

ISBN 978-3-11-099630-2
e-ISBN (PDF) 978-3-11-098308-1
e-ISBN (EPUB) 978-3-11-098315-9

Library of Congress Control Number: 2022939569

Bibliografische Information der Deutschen Nationalbibliothek

Die Deutsche Nationalbibliothek verzeichnet diese Publikation in der Deutschen Nationalbibliografie; detaillierte bibliografische Daten sind im Internet über http://dnb.dnb.de abrufbar.

© 2022 Walter de Gruyter GmbH, Berlin/Boston

Umschlagabbildung: Conrad Ferdinand Meyer. Holzstich, 1887 (Privatbesitz)

Druck und Bindung: CPI books GmbH, Leck

www.degruyter.com

Inhaltsverzeichnis

Conrad Ferdinand Meyer
Die Richterin. Novelle (1885) VII

KOMMENTAR I:
Thomas Sprecher
Zeitloses Recht und zeitgenössische Moral?
Betrachtungen aus juristischer Sicht
zur Novelle „Die Richterin" 89

KOMMENTAR II:
Walter Zimorski
Die Richterin – C. F. Meyers Kriminal-Novelle als
Liebes- und Selbstjustizdrama an der Epochenschwelle
zur Literatur der Moderne... 105

Walter Zimorski
Literatur zur Novelle „Die Richterin" 139

CONRAD FERDINAND MEYER

DIE RICHTERIN. NOVELLE (1885)

1.

"Precor sanctos apostolos Petrum er Paulum!" psalmodierten die Mönche auf Ara Cöli, während Karl der Große unter dem lichten Himmel eines römischen Märztages die ziemlich schadhaften Stufen der auf das Kapitol führenden Treppe emporstieg. Er schritt feierlich unter der Kaiserkrone, welche ihm unlängst zu seinem herzlichen Erstaunen Papst Leo in rascher Begeisterung auf das Haupt gesetzt. Der Empfang des höchsten Amtes der Welt hatte im Ernste seines Antlitzes eine tiefe Spur gelassen. Heute, am Vorabend seiner Abreise, gedachte er einer solennen Seelenmesse für das Heil seines Vaters, des Königs Pippin, beizuwohnen.

Zu seiner Linken ging der Abt Alcuin, während ein Gefolge von Höflingen, die aus allen Ländern der Christenheit zusammengewählte Palastschule, sich in gemessener Entfernung hielt, halb aus Ehrerbietung, halb mit dem Hintergedanken, in einem günstigen Augenblicke sich sachte zu verziehen und der Messe zu entkommen. Die vom Wirbel zur Zehe in Eisen gehüllten Höflinge schlenderten mit gleichgültiger Miene und hochfahrender Gebärde in den erlauchten Stapfen, die Begrüßung der umstellenden Menge mit einem kurzen Kopfnicken erwidernd und sich über nichts verwundern wollend, was ihnen die Ewige Stadt Großes und Ehrwürdiges vor das Auge stellte.

Jetzt hielten sie vor der ersten Stufe, während oben auf dem Platze Karl mit Alcuin bei dem ehernen Reiterbilde stillestand. „Ich kann es nicht lassen", sagte er zu dem gelehrten Haupte, „den Reiter zu betrachten. Wie mild er über der Erde waltet! Seine Rechte segnet! Diese Züge müssen ähnlich sein."

Da flüsterte der Abt, den der Hafer seiner Gelehrsamkeit stach: „Es ist nicht Constantin. Das hab ich längst heraus. Doch ist es gut, daß er dafür gelte, sonst wären Reiter und Gaul in der Flamme geschmolzen." Der kleine Abt hob sich auf die Zehen und wisperte dem großen Kaiser ins Ohr: „Es ist der Philosoph und Heide Marc Aurel." „Wirklich?" lächelte Karl.

Sie gingen der Pforte von Ara Cöli zu, durch welche sie verschwanden, der Kaiser schon in Andacht vertieft, so daß er einen netten jungen Menschen in rätischer Tracht nicht beachtete, der unferne stand und durch die ehrfürchtigsten Grüße seine Aufmerksamkeit zu erregen suchte.

„Halt, Herren", rief einer der inzwischen bei dem Reiterbilde angelangten Höflinge und fing rechts und links die Hände der neben ihm Wandelnden, „jetzt, da alles treibt und schwillt" – Erd- und Lenzgeruch kam aus nahen Gärten –, „will ich meinen Becher und was mir sonst lieb ist mit Veilchen bekränzen, aber keinen Weihrauch trinken, am wenigsten den einer Totenmesse. Ich habe hier herum eine Schenke entdeckt mit dem steinernen Zeichen einer saugenden Wölfin. Das hat mir Durst gemacht. Sehen wir uns noch ein bißchen den Reiter an und verduften dann in die Tabernen."

„Wer ist's?" fragte einer.

„Ein griechischer Kaiser"

„Den setzen wir ab" –

„Wie er die Beine spreizt!" –

„Reitet der Kerl in die Schwemme?" –

„Holla, Stallknecht!" –

„Nettes Tier!" –

„Wülste wie ein Mastschwein!"

So ging es Schlag auf Schlag, und ein frecher Witz überblitzte den andern. Das antike Roß wurde gründlich und unbarmherzig kritisiert.

Der artige Räter hatte sich nach und nach dem Kreise der Spötter genähert. Seine Absicht schien, zwischen zwei Gelächtern in ihre

Gruppe zu gelangen und auf eine unverfängliche Weise mit der Schule anzuknüpfen. Aber die Höflinge achteten seiner nicht. Da faßte er sich ein Herz und sprach in vernehmlichen Worten zu sich selbst: „Erstaunliche Sache, diese Palastschule, und ein Günstling des Glücks, wer ihr angehören darf!"

Über eine gepanzerte Schulter wendete sich ein junger Rotbart und sprach gelassen: „Wir schwänzen sie meistenteils." Dann kehrte sich der ganze Höfling, ein baumlanger Mensch, und fragte den Räter mit einem spöttischen Gesichte: „Welcher Eltern rühmst du dich, Knabe?"

Dieser gab vergnügten Bescheid. „Ich bin der Neffe des Bischofs Felix in Chur und mit seinen Briefen an den Heiligen Stuhl geschickt."

„Räter", sprach der Lange ernsthaft, „du bist an den Quell der Wahrheit gesendet. Hier stehst du auf den Schwellen der Apostel und über den Grüften unzähliger Bekenner. Lege wahrhaftes Zeugnis ab und bekenne tapfer: Ich bin der Sohn des Bischofs."

Eben intonierten die Mönche von Ara Cöli mit jungen und markigen Stimmen die dunkle Klage und flehende Entschuldigung: „Concepit in iniquitatibus me mater mea!"

„Hörst du", und der Höfling deutete nach der Kirche, „die dort wissen es!" Der ganze Haufe schlug eine schallende Lache auf.

Der kluge Bischofsneffe hütete sich, in Zorn zu geraten. Mit einem flüchtigen Erröten und einer leichten Wendung des Kopfes sagte er. „Bischof Felix, der im Schatten seiner Berge die aus eurer Schule aufsteigende Sonne der Bildung mit frommem Jubel begrüßt, hat mir den Auftrag gegeben, für seine jung gebliebene Lernbegierde einige Hauptschriften der erwachenden Wissenschaft und insbesondere das unvergleichliche Büchlein der Disputationen des Abtes Alcuin zu erwerben. Nun wird erzählt, dieser große und gute Lehrer habe jeden von euch mit einem kostbaren

Exemplare ausgerüstet, und ich meine nur, einer dieser Herren hätte vielleicht Lust, einen Handel zu schließen."

„Du sprichst wahr und weise, Bischofssohn", parodierte ihn der Höfling, „und wäre mein Alcuin nicht längst unter die Hebräer gegangen, mochte es geschehen, daß wir zweie zu dieser Stunde darum ein kurzweiliges Würfelspielchen machten."

„In unchristliche Hände! diese göttliche Weisheit!" wehklagte der Räter.

„Weisheit!" spottete der Rotbart, „ich versichere dir: lauter dummes Zeug. Übrigens weiß ich es auswendig. Höre nur, Bergbewohner!" Er krümmte den langen Rücken wie ein verbogener Schulmeister, zog die Brauen in die Höhe und wendete sich an den jüngsten der Bande, einen Krauskopf, der, fast noch ein Knabe, aus südlichen Augen lachend mit Lust und Liebe auf das gottlose Spiel einging.

„Jüngling", predigte der falsche Alcuin, „du hast einen guten Charakter und einen gelehrigen Geist. Ich werde dir eine ungeheuer schwere Frage vorlegen. Siehe, ob du sie beantwortest. Was ist der Mensch?"

„Ein Licht zwischen sechs Wänden", antwortete der Knabe andächtig.

„Welche Wände?"

„Das Links, das Rechts, das Vorn, das Nichtvorn, das Oben, das Unten." Jeden dieser Räume bezeichnete er mit einer Gebärde: beim fünften starrte er in den leuchtenden Himmel hinauf, als bestaune er einen Engelreigen, und bohrte schließlich einen stieren Blick in den Boden, als entdecke er die verschüttete Tarpeja. Jubelndes Klatschen belohnte die Faxe.

Die wachsende Lustigkeit der Palastschule begann den Bischofsneffen zu ängstigen. Da trat im guten Augenblicke einer aus dem

Die Richterin 5

Kreise, ein kühner Krieger, dem an der rechten Seite des stämmigen Wuchses ein seltsam gewundenes Hifthorn hing. „Sei getrost", sagte er und ergriff die Hand des Räters, „du sollst ein Pergament haben. Das meinige. Es schleppt sich unter dem Gepäcke." Er führte den Erlösten weg, die Treppe des Kapitols hinunter, sich nicht weiter um seine Gefährten bekümmernd.

Jetzt gingen sie freundlich nebeneinander, wenn auch nicht mehr Hand in Hand. Die des Palastschülers war auf das Hifthorn geglitten, das der Bischofsneffe mit aufmerksamen Blicken betrachtete. „Das hier kommt aus dem Gebirge", sagte er.

„So", machte der Behelmte. „Aus welchem Gebirge?"

„Aus unserm, Landsmann. Ich kenne dich an deiner Sprache, wie du mich ebendaran erkannt haben wirst, da du mich, wofür ich dir danke, den Neckereien der Palastschule entzogest. Daß du es wissest, ich bin Graciosus" – der kluge Räter hatte diesen seinen hübschen Namen den Spöttern am Reiterbilde weislich verschwiegen – „oder auf deutsch Gnadenreich, und du bist Wulfrin, Sohn Wulfs, wenn dieses Hifthorn dein Erbteil ist, wie ich vermute."

Wulfrin runzelte die Stirn. Es mochte ihm nicht willkommen sein, von der Heimat zu hören. Dann musterte er Gnadenreich und fand einen anmutenden, wohlgebildeten Jüngling, eine Gott und Menschen gefällige Erscheinung, nicht anders als der Name lautete. Er klopfte ihn auf die runde Schulter, deren Schmiegsamkeit zu dieser beschützenden Liebkosung einlud, und sagte. „Es macht warm." In der Tat strahlte nicht nur die römische Märzsonne, sie brannte sogar.

„Ja, es macht warm", wiederholte er, hob den Helm und wischte mit der Hand einen Schweißtropfen. „Leeren wir einen Becher?", und ohne die Antwort zu erwarten, bog er nach wenigen Schritten in den offenen Hofraum eines klösterlichen Gebäudes und warf sich dort auf eine Steinbank, wo Graciosus in Züchten sich neben ihn setzte. „Ich darf mich nicht weiter verziehen", sagte der Höfling, „als das Horn reicht, wann Herr Karl die Schule zusammenruft. Auch liebe ich dieses junge Geschöpf", scherzte er und zeigte auf eine Palme, welche in geringer Entfernung auf dem Vorsprunge eines Hügels, von leichten Windstößen bewegt, sich im blauen Himmel fächerte und etwa sechzehn Jahresringe zählen mochte. „Hier heißt es ad palmam novellam, und Pförtner Petrus schenkt einen herben. He, Petrus!" Dieser, ein Alter mit struppigem Bart, feurigen Augen und zwei riesigen Schlüsseln am Gurte, brachte Kanne und Becher.

„Palma novella ist auch ein Frauenname", bemerkte Graciosus und netzte den Mund.

„Mag sein", versetzte Wulfrin. „In Hispanien, wenn mir recht ist, läuft derlei Getauftes oder Ungetauftes herum. Ich habe mich nicht damit befaßt. Ich mache mir nichts aus den Weibern."

„Deine rätische Schwester heißt auch nicht anders", sagte Gnadenreich unschuldig.

„Meine – rätische – Schwester?"

„Nun ja, Wulfrin, das Kind der Judicatrix, meiner Nachbarin auf Malmort am Hinterrhein. Du hast sie nie von Angesicht gesehen, die Frau Stemma, das zweite Weib deines Vaters?"

„Das dritte", murrte Wulfrin. „Ich bin von der zweiten."

„Das weißt du besser. Auch das jähe Ende deines Vaters weißt du, bei seinem Aufritt in Malmort. Palma ist nachgeboren."

„Es sei", versetzte Wulfrin verdrossen. „Warum auch sollte es nicht sein? Rührt mich aber nicht. Was mich kümmern konnte, hat mir der Knecht des Vaters, der Steinmetz Arbogast, umständlich berichtet. Ich habe es mit ihm beredet und erörtert mehr als einmal und noch zuletzt am Wachfeuer vor Pertusa, wenige Augenblicke bevor den treuen Kerl der maurische Pfeil meuchelte. Das ist nun

Die Richterin 7

fertig und abgetan. Wisse: als Siebenjähriger bin ich daheim ausgerissen – der Vater hatte mir das sieche Mütterlein ins Kloster gestoßen – und über Stock und Stein zu König Karl gerannt. Dorthin hat mir der Arbogast mein Erbe gebracht, das Wulfenhorn, dieses hier. Der Wulfenbecher, der dazu gehört, obschon er heidnisch ist – das Horn ist biblischen Ursprungs –, blieb auf Malmort und mag dort bleiben, bis ich freie, und das hat Weile. Sie werden ihn aufgehoben haben. Du hast ihn wohl gesehen, wenn du dort ein und aus gehst."

Graciosus nickte.

„Verstehe: beide, Horn und Kelch, sind zwei Altertümer, mit Tugenden und Kräften begabt. Den Becher gab einem Wölfling ein Elb oder eine Elbin von denen im Hinterrhein. Solang eines Wolfes Weib ihn ihrem Wolfe kredenzt und den dareingegrabenen Spruch ohne Anstoß hersagt, einmal vorwärts und einmal rückwärts, gefällt und mundet sie dem Wolfe. Über das Hifthorn sind die Meinungen geteilt. Nach den einen ist es gleichfalls ein elbisches Geschenk, und vor dem Burgtor bei der Rückkehr geblasen, zwingt es die Wölfin zu bekennen, was immer sie in Abwesenheit des Gatten gesündigt hat. Andere dagegen behaupten, daß ein Wolf im Gelobten Lande das Horn mit seinem Schwert aus dem erstarrten Pech und Schwefel des Toten Meeres grub. So ist es ein im Getümmel zur Erde gestürztes Harschhorn, von denen, welche die himmlischen Haufen bliesen zum Gericht über Sodom und Gomorra." Wulfrin blickte dem Räter ins Gesicht, der ihm – Schlauheit oder Einfalt – zwei gläubige Augen entgegenhielt.

Eben wurde vom Winde ein Bruchstück der Seelenmesse aus Ara Cöli hergetragen. Zornig und drohend sangen sie dort: „Dies irae, dies illa, dies magna et amara valde!"

„Schöne Bässe", lobte Wulfrin. „Um wieder auf den Becher zu kommen, so glaube ich nicht an seine Kraft. Sicherlich hat die Mutter nicht unterlassen, seinen Spruch herzubeten, vorwärts und rückwärts. Es hat nichts gefruchtet. Sie welkte, und der Vater verstieß sie." Er tat einen Seufzer.

„Und das Horn?" fragte Schelm Graciosus.

Der Höfling wog es in den Händen und lächelte. Graciosus lächelte gleichfalls.

„Übrigens ist es das beste Hifthorn im Heere. Das ruft! Höre nur!" und er setzte es an den Mund.

„Um aller Heiligen willen, Wulfrin, laß ab!" schrie Graciosus ängstlich. „Willst du die Stadt Rom in Aufruhr bringen?"

„Du hast recht, ich dachte nicht daran." Wulfrin ließ das Horn in die tragende Kette zurückfallen.

„Dieses Hifthorn", sagte jetzt Graciosus bedächtig, „wurde mir beschrieben. Auch hat es der Knecht Arbogast in Stein gemeißelt auf dem Grabmal im Hofe von Malmort, wo er den Comes, deinen Vater, abbildete und die Wittib daneben."

„So?" grollte Wulfrin. „Konnte der Vater nicht allein liegen?"

Graciosus ließ sich nicht einschüchtern. „An den Herrn des Hifthorns habe ich einen Auftrag", sagte er.

„Du bist voller Aufträge. Von wem hast du diesen?"

„Von der Richterin."

„Welche Richterin?" Entweder war Wulfrin von harten Begriffen oder seine Laune verschlechterte sich zusehends.

„Nun, die Judicatrix Stemma, deine Stiefmutter."

„Was hab ich mit der Alten zu schaffen! Warum lächelst du, Männchen?"

„Weil du so mit ihr umgehst, die noch schön und jung ist."

„Ein altes Weib, sage ich dir."

Die Richterin 9

„Ich bitte dich, Wulfrin! Dein Vater freite sie als eine Sechzehnjährige. Dein Geschwister ist nicht älter. Zähle zusammen! Doch jung oder alt, sie gab mir den Auftrag, und ich darf ihn nicht unausgerichtet heimbringen."

Der Höfling verschluckte einen Fluch. „Du verdirbst mir den Krätzer, er schmeckt wie Galle." Erbost stieß er den Becher von der Bank und setzte den Fuß darauf. „So sprich!"

„Frau Stemma", begann Gnadenreich in bildlicher Rede, „will sich vor dir die Hände in ihrer Unschuld waschen."

„Ein Becken her!" spottete Wulfrin, als riefe er in die Gasse hinaus nach einem Bader.

„Wulfrin, stünde sie vor dir, du straftest deine Lippen! Keine in Rätien hat edlere Sitte. Was sie verlangt, ist gebührlich. Auf der Schwelle ihres Kastells, vor ihrem Angesichte, jählings ist dein Vater erblichen. Das ist schrecklich und fragwürdig. Frau Stemma läßt dir sagen, sie wundere sich, daß sie dich rufen müsse, sie habe dich längst, täglich, stündlich erwartet, seit du zu deinen mündigen Jahren gekommen bist. Nur ein Sorgloser, ein Fahrlässiger, ein Pflichtvergessener – nicht meine Worte, die ihrigen – verschiebe und versäume es, sie zur Rechenschaft zu ziehen."

Wulfrin blickte finster. „Das Weib tritt mir zu nahe", sagte er. „Ich wußte, was man einem Vater schuldig ist. Er hat an meiner Mutter gefrevelt, und sein Gedächtnis – die Kriegstaten ausgenommen – ist mir unlieb: dennoch habe ich mir seine Todesgebärde vergegenwärtigt, den Augenzeugen Arbogast, der das Lügen nicht kannte, habe ich scharf ins Verhör genommen. Jetzt will ich noch ein übriges tun und dir die gemeine Sache herbeten, vom Kredo bis zum Amen. Du bist aus dem Lande und kennst die Geschichte. Mangelt etwas daran oder ist etwas zuviel, so widersprich!

Der Vater kam aus Italien und nächtigte bei dem Judex auf Malmort. Bei Wein und Würfeln wurden sie Freunde, und der Vater, der, meiner Treu, kein Jüngling mehr war – ich habe aus der Wiege seinen weißen Bart gezupft –, warb um das Kind des Richters und erhielt es. Beim Bischof in Chur wurde Beilager gehalten. Am dritten Tage setzte es Händel. Der Räzünser, dessen Werbung der Judex abgewiesen haben mochte, wurde zu spät oder ungebührlich geladen oder an einen unrechten Platz gesetzt oder nachlässig bedient oder schlecht beherbergt, oder es wurde sonst etwas versehen. Kurz, es gab Streit, und der Räzünser streckt den Judex. Der Vater hat den Schwieger zu rächen, berennt Räzüns eine Woche lang und bricht es. Inzwischen bestattet das Weib den Judex und reitet nach Hause. Dort sucht sie der Vater, mit Beute beladen. Er stößt ins Horn, der Sitte gemäß. Sie tritt ins Tor, sagt den Spruch und kredenzt den Wulfenbecher, den ihr der Vater in Chur nach wölfischer Sitte als Morgengabe gereicht hatte. Kredenzt ihn mit drei Schlücken. Der Arbogast, der durstig daneben stand, hat sie gezählt: drei herzhafte Schlücke. Der Vater nimmt den Becher, leert ihn auf einen Zug und haucht die Seele aus. War es so oder war es anders, Bischofsneffe?"

„Wörtlich und zum Beschwören so", bestätigte Graciosus. „Von hundert Zeugen, die den Burghof füllten, zu beschwören! Soviel ihrer noch am Leben sind. Und solches ist geschehen nicht im Zwielichte, nicht bei flackernden Spänen, sondern im Angesicht der Sonne zu klarer Mittagszeit. Der Comes, dein Vater, war rasend geritten, hatte im Bügel manchen Trunk getan" –

„Und mit fliegender Lunge ins Horn gestoßen, vergiß nicht!" höhnte Wulfrin.

„Er triefte und keuchte" –

„Er lechzte wie eine Bracke!" überbot ihn Wulfrin.

„Er sehnte sich nach seinem Weibe", dämpfte Graciosus.

„Trunken und brünstig! unter gebleichten Haaren! pfui! Ist das zum Abmalen und an die Wand heften? Was will die Judicatrix?

Mich schwören lassen, daß wir Wölfe gemeinhin am Schlage sterben? Was freilich auf die Wahrheit herausliefe."

„Es ist ihr Wille so, und man gehorcht ihr in Rätien."

„Seht einmal da! ihr Wille!" hohnlachte Wulfrin. „Mein Wille ist es nicht, und meine Heimat ist nicht ein Bergwinkel, sondern die weite Welt, wo der Kaiser seine Pfalz bezieht oder sein Zelt aufschlägt. Sage du deiner Richterin, Wulfrin sei kein Laurer noch Argwöhner! Sie rühre nicht an die Sache! Sie zerre den Vater nicht aus dem Grabe! Ich lasse sie in Ruhe, kann sie mich nicht ruhig lassen?" Er drohte mit der Hand, als stünde die Stiefmutter vor ihm. Dann spottete er: „Hat das Weib den Narren gefressen an Spruch und Urteil? Hat es eine kranke Lust an Schwur und Zeugnis? Kann es sich nicht ersättigen an Recht und Gericht?"

„Es ist etwas Wahres daran", sagte Graciosus lächelnd. „Frau Stemma liebt das Richtschwert und befaßt sich gerne mit seltenen und verwickelten Fällen. Sie hat einen großen und stets beschäftigten Scharfsinn. Aus wenigen Punkten errät sie den Umriß einer Tat, und ihre feinen Finger enthüllen das Verborgene. Nicht daß auf ihrem Gebiete kein Verbrechen begangen würde, aber geleugnet wird keines, denn der Schuldige glaubt sie allwissend und fühlt sich von ihr durchschaut. Ihr Blick dringt durch Schutt und Mauern, und das Vergrabene ist nicht sicher vor ihr. Sie hat sich einen Ruhm erworben, daß fernher durch Briefe und Boten ihr Weistum gesucht wird."

„Das Weib gefällt mir immer weniger", grollte Wulfrin. „Der Richter walte seines Amtes schlecht und recht, er lausche nicht unter die Erde und schnüffle nicht nach verrauchtem Blute."

Graciosus begütigte. „Sie redet davon, ihr Haus zu bestellen, obwohl sie noch in Blüte und Kraft steht. Vielleicht sorgt sie, wenn sie nicht mehr da wäre, könntest du deine Schwester in Unglück stürzen" –

„In Unglück?"

„Ich meine, sie berauben und verjagen unter dem Vorwande einer unaufgeklärten und ungeschlichteten Sache. Darum, vermute ich, will sie dich nach Malmort haben und sich mit dir vertragen."

Wulfrin lachte. „Wirklich?" sagte er. „Sie hat einen schönen Begriff von mir. Meine Schwester plündern? Das arme Ding! Im Grunde kann es nicht dafür, daß es auf die Welt gekommen ist. Doch auch von ihr will ich nichts wissen." Während er redete, zählte sein Blick die Jahresringe der jungen Palme. „Fünfzehn Ringe?" sagt er.

„Fünfzehn Jahre", berichtigte Graciosus.

„Und wie schaut sie?"

„Stark und warm", antwortete Gnadenreich mit einem unterdrückten Seufzer. „Sie ist gut, aber wild."

„So ist es recht. Und dennoch will ich nichts von ihr wissen."

„Sie aber weiß von nichts anderm als von dem fremden, reisigen, fabelhaften Bruder, der sich mit den Sachsen balgt und mit den Sarazenen rauft. 'Wann der Bruder kommt' – 'Das gehört dem Bruder' – 'Das muß man den Bruder fragen' – davon werden ihr die Lippen nicht trocken. Jedes Hifthorn jagt sie auf, sie springt nach deinem Becher und damit an den Brunnen. Sie wäscht ihn, sie reibt ihn, sie spült ihn."

„Warum, Narr?"

„Weil sie dir ihn kredenzen will und dein Vater sich daraus den Tod getrunken hat."

„Dummes Ding! Du also wirbst um sie?"

Der ertappte Graciosus errötete wie ein Mädchen. „Die Mutter begünstigt mich, aber an ihr selbst werde ich irre", gestand er. „Kämest du heim, ich bäte dich, ein Wort mit ihr zu reden."

Die Richterin 13

Wieder musterte Wulfrin den netten Jüngling und wieder klopfte er ihn auf die Schulter. „Sie hält dich zum besten?" sagte er.

„Sie redet Rätsel. Da ich neulich auf mein Herz anspielte" –

„Schlug sie die Augen nieder?"

„Nein, die schweiften. Dann zeigte sie mit dem Finger einen Punkt im Himmel. Ich blinzte. Ein Geier, der ein Lamm davontrug. Unverständlich."

„Klar wie der Morgen. 'Raube mich'. Das Mädchen gefällt mir."

„Du willst sie sehen?"

„Niemals."

Jetzt trat ein Palastschüler mit suchenden Blicken in den Hofraum und dann rasch auf Wulfrin zu. „Du", sagte er, „die Messe ist aus, der König verläßt die Kirche." Der „Kaiser" wollte ihm noch nicht über die Zunge.

Wulfrin sprang auf. „Nimm mich mit!" bat Graciosus, „damit ich dem Herrn der Erde nahe trete und ihn reden höre."

„Komm", willfahrte Wulfrin gutmütig, und bald standen sie neben dem Kaiser, vor welchem ein ehrwürdiger, aber etwas verwilderter Graubart das Knie bog. Gnadenreich erkannte Rudio, den Kastellan auf Malmort, und wunderte sich, welche Botschaft der Räter bringe, denn Karl hielt ein Schreiben in der Hand. Er reichte es dem Abte, und Alcuin las vor:

„Erhabener, da ich höre, Du werdest von Rom nach dem Rheine ziehen, flehe ich Dich an, daß Du Deinen Weg durch Rätia nehmest. Seit Jahren haben sich in unsern verwickelten Tälern versprengte Lombarden eingenistet unter einem Witigis, der sich Herzog nennt. Wir, die Herrschenden im Lande, unter uns selbst uneins und ohne Haupt, werden nicht mit ihnen fertig, ja einige von uns zahlen ihnen Tribut. Ein unerträglicher Zustand. Du bist der

Kaiser. Wenn du kommst und Ordnung schaffst, so tust Du, was Deines Amtes ist. Stemma, Judicatrix."

„Keine Schwätzerin", sagte der Kaiser. „Meine Sendboten haben mir von der Frau erzählt." Alcuin betrachtete die Handschrift. „Feste Züge", lobte er.

„Alcuin, du Abgrund des Wissens", lächelte Karl, „was ist Rätien? Welche Pässe führen dahin?"

Der kleine Abt fühlte sich durch Lob und Frage geschmeichelt, wendete sich aber nicht an den Gebieter, sondern, als der Höfling und der Schulmeister, welcher er war, an die Palastschule, die schon zu einem guten Drittel, den Blondbart inbegriffen, um den Kaiser versammelt stand.

„Jünglinge", lehrte er und zog die Brauen in die Höhe, „wer seinen Weg durch das rätische Gebirge nimmt, hat, ohne den harten, aber in Stücke zerrissenen Damm einer Römerstraße zu zählen, die Wahl zwischen mehreren Steigen, die sich alle jenseits des Schnees am jungen Rheine zusammenfinden. Diese Wege und Stapfen führen im Geisterlicht der Firne durch ein beirrendes Netz verstrickter Täler, das die Fabel mit ihren zweifelhaften Gestalten und luftigen Schrecken bevölkert. Hier ringelt sich die Schlangenkönigin, wie verlockt von einer Schale Milch, einem blanken Wasser zu, gegenüber, aus einem finstern Borne, taucht die Fei und wehklagt."

„Lehrer, was hat sie für Gründe dazu?" fragte der Rotbart wißbegierig.

„Sie ahnt das ewige Gut und kann nicht selig werden. Dahinter, zwischen Schnee und Eis, in einem grünen Winkel, weidet eine glockenlose Herde, und ein kolossaler Hirte, halb Firn, halb Wolke, neigt sich über sie. Tiefer unten, bei den ersten Stapfen, verliert die harmlose Fabel ihre Kraft, und menschliche Schuld findet ihre Höhlen und Schlupfwinkel. Hier raucht und schwelt eine gebrochene Burg, dort starrt, von Raben umflattert, ein Mörder in den zerschmetternden Abgrund."

„Wen hat er hinuntergeworfen?" fragte der Rotbart spöttisch.

„Eheu!" jammerte der Abt, „bist du es, Liebling meiner Seele, Peregrin, mein bester Schüler, dessen Knochen in der rätischen Schlucht bleichen?" Er trocknete sich eine Träne. Dann schloß er: „Gegen beides, Fabel und Sünde, hält Bischof Felix in Chur beschwörend seinen Krummstab empor."

„In schwachen Händen", scherzte der Kaiser.

„Er ist sehr schön gearbeitet", rief Graciosus mit der schallenden Stimme eines Chorknaben, „und in seiner Krümmung neigt sich der Verkündigungsengel mit der Inschrift: Friede auf Erden und an den Menschen ein Wohlgefallen."

Karl gönnte dem Bischofsneffen einen heitern Blick und wendete sich gegen die Schule: „Stammt einer von euch aus Rätien?"

Wulfrin trat vor. „Ich, Herr. Jung bin ich ausgewandert, doch kenne ich Sprache und Steige."

„So reite und berichte."

„Dir zu Dienste, Herr", verabschiedete sich Wulfrin, wurde aber von dem hartnäckigen Gnadenreich gehalten, der sich seiner bemächtigte und ihn vor den Kaiser zurückbrachte. „Durchlauchtigster", verklagte er ihn, „er soll auf Malmort bei der Richterin, seiner Stiefmutter, erscheinen, keiner andern als die dir den Brief geschrieben hat, und er will nicht. Sie besteht darauf, sich vor ihm zu rechtfertigen über das jähe Sterben ihres Gemahles des Comes Wulf."

„Jener?" besann sich der Kaiser. „Er hat mir und schon meinem Vater gedient und verunglückte im rätischen Gebirge."

„Vor dem Kastell und zu den Füßen seines Weibes Stemma, die ihm den Willkomm kredenzt hatte", erinnerte Gnadenreich.

Karl verfiel in ein Nachdenken. „Eben habe ich für die Seele meines Vaters gebetet", sagte er. „Kindliche Bande reichen in das Grab. Mich dünkt, Wulfrin, du darfst bei der Richterin nicht ausbleiben. Du bist es deinem Vater schuldig."

Wulfrin schwieg trotzig. Jetzt griff der Kaiser rechts nach dem Hifthorn, um die ganze Schule zusammenzurufen und ihr seine Befehle zu geben. Es mangelte. Er hatte es im Palaste vergessen oder absichtlich zurückgelassen, um der Messe als ein Friedfertiger beizuwohnen. „Deines, Trotzkopf!" gebot er, und Wulfrin hob sich sein Hifthorn über das Haupt. Karl betrachtete es eine Weile. „Es ist von einem Elk", sagte er, hob es an den Mund und stieß darein. Da gab das Horn einen so gewaltigen und grauenhaften Ton, daß nicht nur die Höflinge aus allen Ecken und Enden des Kapitols hervorstürzten, sondern auch, was sich ringsum von römischem Volke gehäuft hatte, erstaunt und erschreckt die Köpfe reckte, als nahe ein plötzliches Gericht. Karl aber stand wie ein Cherub.

Im Gedränge des Aufbruchs machte sich der Bischofsneffe noch einmal an den Höfling. „Auf Wiedersehen in Malmort: du gehorchst?"

„Nein", antwortete Wulfrin.

2.

Innerhalb der dicken Mauern eines wie aus dem Felsen gewachsenen rätischen Kastells sprudelte ein Quell in klösterlicher Stille. Durch die Zacken bemooster Ahorne rauschte der Abendwind mächtig über den Hof weg, und schon rückte das Spätrot hinauf an dem klotzigen Gemäuer. Am Brunnen aber stand ein junges Mädchen und ließ den heftigen Strahl in einen Becher springen, aus dessen von Alter geschwärztem Silber er schäumend empor und ihr über die bloßen Arme spritzte.

„Berg und Wetter sind gut", murmelte sie. „Mir brannten die Sohlen von früh an, ihm entgegen zu rennen. Kommt er heute noch? oder erst morgen? oder übermorgen zum allerspätesten! Graciosus verschwor sich, der Bruder ziehe mit dem Kaiser – nein, er reite ihm weit voraus! Und der Kaiser ist nahe, was flüchteten sonst die Lombarden Hals über Kopf? Bum!" machte sie und ahmte den dumpfen Schlag einer Laue nach, dem bald ein zweiter und noch der dritte folgte, denn im Gebirge, das in Gestalt einer breiten blanken Firn über die Firste blickte, hatte es heute in einem fort gerieselt und geschmolzen.

„Die ihr auf weißen Stürzen in den Abgrund schlittet, seid ihm hold, bärtige Zwerge! Verberget ihm nicht den Pfad, verschüttet ihm nicht die Hufen des Rosses! Sprudle, Flut! Spül aus den Hauch des Todes! Lust und Leben trinke der Bruder!" und sie streckte den schlanken Arm. Dann hob sie den gebadeten Becher in die Höhe der Augen und buchstabierte den Elbenspruch, welchen sie sich deutlicher in das Herz schrieb, als er mit erblindeten Lettern in das Silber gegraben stand. Der Spruch aber lautete folgendermaßen:

> Gesegnet seiest du!
> Leg ab das Schwert und ruh!
> Genieße Heim und Rast
> Als Herr und nicht als Gast!
> Den Wulfenbecher hier

> Dreimal kredenz ich dir!
> Erfreue dich am Wein!
> Willkomm...

Hier schloß entweder der zaubertüchtige Spruch oder dann kam noch etwas gänzlich Unleserliches, wenn es nicht zufällige Male der Verwitterung waren.

Eigentlich wußte sie ihn schon lange auswendig. Sie sagte ihn vorwärts, das ging, rückwärts, das ging auch. Dann sah sie ihn darauf an – zum wievielten Male! –, ob er ihr mundgerecht sei und von der Schwester dem Bruder sich sagen lasse, denn Graciosus hatte es erraten: sie liebkoste den Wunsch, mit dem Wulfenbecher dazustehen und ihn Wulfrin zu kredenzen. Ob es die Mutter erlaube? Diese machte sich mit dem Becher nichts zu schaffen, sie ließ ihn, wo er langeher seinen Platz hatte. Der Spruch gefiel dem Mädchen, und es malte sich die Ankunft.

„Das Horn klingt! Oder wäre es möglich, daß er mich still beschliche? mit heimlichen Schritten? Aber nein, er will ja nichts von mir wissen – wenn Graciosus nicht seinen Scherz mit mir getrieben hat. Das Horn dröhnt! Ich ergreife den Becher, fliege der Mutter voran – oder noch lieber, sie ist verritten, und ich bin Herrin im Hause – jetzt naht er! jetzt kommt er!" Ihr Herz pochte. Sie begann zu zittern und zu zagen. Er ist da! er ist hinter mir!" Sie wendete sich zögernd erst, dann plötzlich gegen das Burgtor. In der niedern Wölbung desselben stand kein junger Held, aber lauernd drückte sich dort ein armseliger Pickelhering.

Das Mädchen brach in ein enttäuschtes Gelächter aus und trat beherzt der Fratze entgegen. Es war ein Lombarde, das erriet sie aus den ziegelroten Nesteln seiner schmutzig-gelben Strümpfe. In die schreiendsten Farben gekleidet, wie sie Armut und Zufall zusammenwürfeln, trug der Kleine einen langausgedrehten pechschwarzen Spitzbart, der mit den gezackten Brauen und dem verzerrten Gesichte eine possierliche Maske schuf.

Die Richterin

„Wer bist du, und was willst du?" fragte das Mädchen.

„Nur nicht gerufen, kleine Herrin oder vielmehr große Herrin, denn, bei meiner katholischen Seele! du hast die Mutter dreimal handbreit überwachsen. Wo ist sie?" Er schaute sich ängstlich um. Sein Blick fiel auf etwas Graues. In der Mitte des Hofes und im Schatten der Ahorne stand ein breiter Steinsarg, auf dessen Platte ein gewappneter Mann neben einem Weibe lag, das die Hände über der Brust faltete. „Ei, da hält ja unsere liebe Frau neben ihrem Alten stille Andacht", spaßte der Lombarde, „und trübt kein Wässerchen, während sie zugleich in ihrer grünen Kraft bergauf bergab reitet und hängen und köpfen läßt." Er blickte bedenklich zu dem prächtig gebildeten leuchterförmigen Ast eines Ahorns empor. „Hier würde ich ungerne prangen", sagte er. „In Kürze: ich bin Rachis der Goldschmied und habe ein Geschäftchen mir dir. Liebst du deinen Bruder, junge Herrin?"

Diese plötzliche Frage setzte das Mädchen kaum in Erstaunen, das sich heute und gestern mit nichts anderem als nur mit diesem selben Gegenstande beschäftigt hatte. „Wie mein Leben", sagte sie.

„Das ist schön von dir, aber wenig fehlt, so liebst du einen Toten. Wulfrin der Höfling ist in unsere Gewalt geraten."

„Er lebt?" schrie das Mädchen angstvoll.

„Zur Not. Herzog Witigis zielt auf sein Herz – aber wird uns die Richterin nicht überraschen?"

„Nein, nein, sie ist nach Chur verritten. Rede! schnell!"

„Nun, ich habe ein feines Ohr und weiß auch ein Loch in der Mauer, denn ich bin hier nicht unbekannter als der Marder im Hühnerhof. Also: dein Bruder ist in einen Hinterhalt gefallen. Er schlug um sich wie ein Rasender, und unser Sechse wichen vor ihm, die einen verwundet, die andern, um es nicht zu werden. Doch sein Pferd rollte in den Abgrund, und er selbst verirrte sich auf eine leere Felsplatte, wo wir ein Treiben auf ihn anstellten und ihm hinterrücks ein langes Jagdnetz über den Kopf warfen. Denn der Herzog wollte ihn lebendig fangen, um ihn über die Wege des Franken, unsers Verderbers, auszufragen. Der Trotzkopf aber verschwieg alles, auch den eigenen Namen. Da legte der Herzog den Pfeil auf den Bogen und" – Rachis tat einen grausamen Pfiff.

„Du lügst! er lebt!" rief das Mädchen mutig.

„Vorläufig. Der Herzog drückte nicht ab, denn – jetzt wird die Geschichte lustig – das junge Weib eines der Unsrigen, eine freigegebene Eigene der Richterin, wenig älter als du" –

„Mein Gespiel Brunetta, das Kind Faustinens" –

„Gerade diese sprang dazwischen. 'Bei der durchlöcherten Seite Gottes', heulte sie, 'der arme Herr trägt das Wulfenhorn und ist kein anderer als der Sohn des Comes, der im Steinbild auf Malmort liegt. Seine leibliche Schwester, Herrin Palma, hat mir von ihm erzählt, von klein an und in einem fort ohne Aufhören. Du darfst nicht sterben', wendete sie sich an den Gebundenen, 'das wäre ihr ein großes Leid und tötete ihr das Herzchen. Denn wisse, du bist ihr Herzkäfer, wenngleich sie dich noch nie mit Augen gesehen hat. Sende hin, und sie löst dich mit ihrem ganzen Geschmeide. Es sind köstliche Sachen. All ihr Kleinod hat die Richterin dem Kinde, sobald es seinen Wuchs hatte, gespendet und dahingegeben'.

So erfuhr Herzog Witigis den Namen seines Gefangenen und die blonde Rosmunde, die er um sich hat, das Dasein eines herrlichen Schatzes. Sie umhalste den Herzog und erflehte sich das Geschmeide von Malmort. Ihr Stirnband habe seine Perlen und ihr elfenbeinerner Kamm die Hälfte seiner Zähne verloren. Kurz, Goldschmied Rachis wurde an dich geschickt und bietet dir den Tausch. Wähle: Schmuck oder Bruder!"

Ehe noch der Lombarde geendigt hatte, stürzte das Mädchen gegen die Burg, die steile Treppe hinauf, verschwand in der Pforte und kam atemlos wieder, Schimmerndes und Klingendes in dem zur Schürze gefaßten hellen Oberkleide tragend. Dieses hielt sie mit der Linken, während die Rechte Stück um Stück wie aus einem Horte emporhob und den gekrümmten Fingern des Goldschmieds überantwortete. Spangen, Stirnbänder, Gürtel, Perlschnüre verschwanden in dem Sacke, welchen Rachis geöffnet hatte, auch für die blonden Flechten Rosmundens ein kunstvoller Kamm von Elfenbein mit dem Heiland und den Aposteln in erhabener Arbeit. Jedes durch seine Hände wandernde Stück begleitete der Goldschmied mit dem Lobe des Kenners, nicht ohne ein bißchen Bosheit, die dem begeisterten Mädchen seine Verluste fühlbar machen wollte. Sie zuckte nicht einmal mit dem Mund, sie leuchtete vor Freude bei der Hingabe alles ihres Besitzes.

Da kam ihr denn doch ein Zweifel. „Du bist redlich?" sagte sie. „Du schickst mir den Bruder? Es ist besser, ich begleite dich!" und sie machte sich wegfertig.

„Unmöglich, Herrin", widersprach der Lombarde, „das geht nicht! Du entdecktest unsere Schlupfwinkel und gefährdetest mit dem Leben des Bruders auch das deinige. Die Richterin aber würde dich von uns geraubt glauben. Sei nicht unklug, und gib dich nicht in fremde Gewalt!" Er belud sich mit dem Sacke. „Ein Schlummerchen, Fräulein! und wenn du die Augen wieder öffnest, hast du den Bruder, der dich Gold und Gut kostet. Das schwöre ich dir!" Er senkte die drei Finger mit einem grimmigen Blicke gegen den Erdboden. „Bei dem da unten!" gelobte er.

„Ein glaubhafter Schwur!" sprach eine weibliche Stimme. Rachis wendete sich erschrocken und bog das Knie vor einer behelmten Frau mit strengen Zügen, die den Speer, den sie in der Hand getragen, einem bewaffneten Knechte reichte. Die Richterin mochte aus Schonung für ihr ermüdetes Tier den steilen Burgweg zu Fuß erklommen haben. Sie faßte Palma schützend am Arm und blickte geringschätzig auf den Lombarden. „Schwürest du bei Gott und seinen Heiligen", sagte sie, „so schwürest du falsch; eher schwörst du die Wahrheit bei dem Vater der Lügen. Habet ihr euch nicht bei allem Göttlichen verpflichtet, ihr Lombarden, nie mehr in Rätien zu rauben und zu brennen? Und jetzt, da ihr, wie alles Böse, vor den Augen des Kaisers flüchtet, schleudert ihr rechts und links verheerende Flammen! Ich komme von Chur und weiß um eure Taten, Eidbrüchige! Sage du deinem Witigis, die Richterin würde ihm nachjagen und ihn züchtigen, wenn nicht ein Höherer käme, und er ist schon da, dessen Hand ihn erreicht, flöhe er an die Enden der Erde!" Jetzt fielen ihre Augen auf den Sack des Goldschmieds. „Was trägst du da weg, Dieb?" fragte sie verächtlich.

„Ein ehrlicher Handel", beteuerte dieser und öffnete den Sack, während das Mädchen die Mutter stürmisch umarmte. „Ich kaufe den Bruder!" rief sie. „Er ist in die Gewalt des Witigis geraten, der auf ihn zielt, bis ich der Frau Herzogin" – das unschuldige Kind erhob die blonde Rosmunde in den Ehestand – „meinen Schmuck gegeben habe, und wie gerne gebe ich ihn!"

Die Richterin machte sich von ihr los und fragte Rachis: „Ist das wahr?"

„Bei meinem Halse, Herrin!"

„Ich würde dir nicht glauben, wüßte ich nicht, daß der Höfling Wulfrin dem Kaiser voranreitet, und hätte ich nicht selbst eben jetzt in Chur gehört, daß die Lombarden einen Höfling gefangen haben. Dennoch kann es eine Lüge sein, denn es ist kaum glaublich, daß ein Tischgenosse Karls dem Feinde seinen Namen nennt und zu einem Mädchen um Lösung sendet."

„Nein, nein, Mutter, so war es nicht!" rief Palma und erzählte den Vorgang.

„Ein eitles Weib, dem ein Leben feil ist für einen Schmuck, das hat mehr Sinn", meinte die Richterin. Sie schien zu überlegen. Dann warf sie einen Blick auf das Geschmeide. „Ich will den Höfling mit Byzantinern lösen", sagte sie.

„Das steht nicht in meinem Auftrag und würde der Rosmunde schlecht gefallen."

„Dann tue ich es nicht."

„Auch gut", grinste Rachis. „So lässest du eben den Wulfrin umkommen. Du magst deine Gründe haben. Ganz wie du willst."

„Das willst du nicht, Mutter!" jammerte Palma und stürzte auf die Knie.

„Nein, das will ich nicht", sprach die Richterin mit nachdenklichen Brauen. „Warum auch? Nimm das Zeug!" und Rachis war weg.

Das jubelnde Mädchen fiel der Mutter um den Hals und bedeckte den strengen Mund mit dankbaren Küssen. Dann raubte sie ihr den kriegerischen Helm so ungestüm, daß die Flechten des schwarzen Haares sich lösten und niederrollend dem entschlossenen Haupte der Richterin einen jugendlichen und leidenden Ausdruck gaben. Die nicht enden wollende Freude Palmas ermüdete endlich die Richterin. „Geh schlafen, Kind", sagte sie, „es dunkelt."

„Schlafen? Wer könnte das, bis Wulfrin ruft?"

„So wirf dich, wie du bist, auf das Polster. Was gilt's, ich finde dich schlummern? Zu Bette, Hühnchen! husch! husch!" und sie klatschte in die Hände.

Palma flog die Stiege hinauf, und die Richterin wendete sich zu Rudio, ihrem Kastellan, der schon eine Weile ruhig harrend vor ihr stand. „Was meldest du?" fragte sie.

„Eine Albernheit, Herrin. Ich sah die Tür zu unserm Kerker sperrangelweit offen. Freilich hatte ich sie nicht verriegelt, da gerade niemand sitzt. Ich steige hinab, und auf dem Stroh liegt ein Geschöpf, das ich in der letzten Helle mir nur mühsam enträtsle. Es war die Faustine, welche, wie du dich erinnerst, mit deiner Erlaubnis ihr Kind, die Brunetta, einem Lombarden, einem leidlichen Manne, den du auf mein Fürwort unter deinem Gesinde duldetest, zum Weibe gegeben hat. Jetzt, da das fremde Volk wandert, hat auch ihr Kind sein Bündel geschnürt, und das muß sie irre gemacht haben. Sie hat sich eine Hand in den Kettenring gezwängt und ist übrigens guten Mutes. 'Meister Rudio', redete sie zu mir, 'wetze dein Beil am Schleifstein und tue mir morgen nicht weher, als recht ist'. Ich schelte sie und will ihr den Arm aus der Fessel ziehen. 'Welche Posse!' sage ich, 'du bist ja die ehrliche Armut am Rocken und im Rübenfeld, die ihr Kind rechtschaffen großgezogen hat. Hier ist nicht dein Ort. Mit deinesgleichen habe ich nichts zu tun'. Sie sperrte sich und sagte: 'Das weißt du nicht, Rudio. Geh und rufe die Richterin. Die wird das Garn schon abwickeln und mir armem Weibe geben, was mir gehört'. Sollte ich die Törin zerren? Du steigst wohl hinab und bringst sie zurecht."

Die Richterin hieß Rudio eine Fackel anbrennen und ihr vorschreiten. In dem tiefen Gelasse saß ein gefesseltes Weib, das der Kastellan beleuchtete. Auf einen Wink der Herrin steckte er den brennenden Span in den Eisenring und ließ die Frauen allein.

Stemma beugte sich über die freiwillig Eingekerkerte und befühlte ihr als geschickte Ärztin den Puls der freien Hand, welchen aber kein Fieber beschleunigte. „Faustine", sagte sie, was ficht dich an? was ist über dich gekommen? Dich verwirrt der Schmerz, daß du dich von deinem Kinde trennen mußtest. Willst du ihr folgen? Noch ist es Zeit. Ich gebe dich frei. Du bist nicht länger meine Eigene. Der Kaiser wird den Lombarden feste Sitze weisen, und du behältst deine Brunetta."

Faustine schüttelte das Haupt. „Das fehlte noch", sagte sie, „daß ich mich an die Sohlen der Brunetta heftete und auch ihr zum Fluche würde! Richterin Stemma, nimm mir das ab!" Sie wies auf ihren Kopf. „Du weißt ja wohl und langeher, daß ich meinen Mann ermordete."

Mit ruhigem Blicke prüfte Stemma das grellbeleuchtete knochige Gesicht der gleichaltrigen Räterin. Dann ließ sie sich auf eine Treppenstufe nieder, und Faustine kroch zu ihren Knien, ohne diese zu berühren. Ihre Augen waren gesund. „Herrin", sagte sie, „du weißt alles, und wenn du mich ein Jahrzehnt und länger gnädig verschont und meine Missetat bedeckt hast, so war es, weil du nicht wolltest, daß die Brunetta, der unschuldige Wurm, zuschanden komme. Ich durfte sie aufziehen, und diese Gunst hast du mir erwiesen, weil ich dein Gespiel gewesen bin. Jetzt aber, da die Brunetta einem Manne folgt, ist kein Grund, länger zu trödeln und zu tändeln. Laß uns die Sache ins reine bringen. Gib mir mein Urteil!"

Die Richterin erkannte aus der ganzen Gebärde Faustinens, daß diese bei Sinnen sei, und sosehr sie das schlimme Geständnis überraschte, so wenig gab sie den furchtbaren Ruf ihrer Allwissenheit preis. „Lege Bekenntnis ab", sagte sie streng. „Das ist der Anfang der Reue." Und Faustine begann: „Kurz ist die Geschichte. Der Schütze Stenio umwarb mich" –

„Den der Eber, welchen er gefehlt hatte, schleifte und zerriß" –

„Jener. Hernach gab mich der Judex seinem Reisigen Lupulus zur Ehe. Ich bequemte mich und doch" – sie hielt inne, um das reine Ohr Stemmas nicht zu beleidigen. Die Richterin half ihr und sagte ernst und traurig: „Und doch warest du das Weib des Toten."

Faustine nickte. „Dann, vor dem Altar, plötzlich, zu meinem Entsetzen" –

„Fühltest du, daß du dem Toten gehörtest, du und ein Ungebornes", half ihr die Richterin.

Wieder nickte Faustine. „Das ist alles, Herrin", sagte sie. „Lupulus, jähzornig wie er war, hätte mich umgebracht. Das Ungeborne aber verhielt mir den Mund und flüsterte mir Feindseliges gegen den Mann zu."

„Genug", schloß Stemma. „Nur eines noch: woher hattest du das Gift?"

„Siehst du, Herrin", rief das Weib, „daß du weißt, *wie* ich ihn tötete! Das Gift hat mir Peregrin gezeigt."

„Peregrin?" fragte die Richterin mit verhüllter Stimme. „Das ist nicht möglich", sagte sie.

„Er zeigte es mir und warnte mich davor. Ich irrte verzweifelnd unter den Kiefern von Silvretta. Da sehe ich ihn in seinem langen, dunkeln Gewande, der sich bückt und Wurzeln gräbt. Blumen nickten mit braunen Glocken. Er ruft mich herbei, und, eine dieser Blumen in der Hand, sagt er zu mir: 'Frau, hüte dich und die Kinder vor diesem Gewächs! Sein Saft tötet, außer in den Händen des Arztes'. Er meinte es gut mit seinem warnenden Blick unter dem braunen Gelocke hervor und hauchte mir doch einen grimmig bösen Gedanken an. Keine Schuld komme auf seine Seele! Doch ich rede töricht. Er ist ja längst ein Engel Gottes, seit er nach der großen Ebene wandernd im Gebirge unterging, wie sie sagen, und das war nicht lange nach jener Stunde. Du erinnerst dich noch, der Judex dein Vater, dem er die Wunde heilte, hatte ihn abgelohnt, was dir unlieb war, da er dich als ein weiser Kleriker noch vieles hätte lehren können."

„Schwatze nicht", gebot die Richterin, „und endige dein Bekenntnis. Am folgenden Tage bist du aus deiner Hütte nach Silvretta gegangen und hast die Wurzeln gegraben?"

„Ja. Du rittest vorüber, und ich duckte mich, damit du mich nicht erkennen möchtest, aber du wendetest dich zweimal im Sattel. Und nun sei barmherzig, Herrin, und gib mir mein Teil." Sie ließ den Kopf auf die Brust fallen, so daß ihr der üppige schwarze Haarwuchs über das Gesicht sank.

Die Richterin

Stemma sann, auf Faustinen niederblickend, und zog ihr mit zerstreuten Fingern einen langen Strohhalm aus dem Haar. „Faustine, mein Gespiel", sagte sie endlich, „ich kann dich nicht richten."

Die ganze Faustine geriet in Aufruhr. „Warum nicht?" schrie sie empört, „du mußt es, oder ich schreie, daß alle Mauern tönen: Sie hat ihren Mann umgebracht!"

Stemma verhielt ihr den Mund. „Laß das Totengebein!" schalt sie, als drohe sie einem den verscharrten Knochen hervorkratzenden Hunde.

„Sei barmherzig!" flehte Faustine, „laß mir das Haupt abschlagen, nachdem es Gott gekostet und sein Kreuz geküßt hat. Dann wächst es mir im Himmel wieder an und, Stenio rechts, Lupulus links, sitzen wir auf *einer* Bank und geben uns die Hände. Danach verlangt mich", und sie streckte den Hals.

„Ich kann dich nicht richten, Törin", sagte Stemma sanfter. „Aus drei Gründen nicht. Merk auf!

Als du deine Tat begingest, lebte und regierte noch der Judex mein Vater. Nach seinem Ende und dem des Comes, da ich das Richtschwert erbte, habe ich laut verkündigt: 'Ab ist alles Geschehene! Von nun an sündige keiner mehr!' Aber auch wenn ich dieses nicht hätte ausrufen lassen, könnte ich dennoch dich nicht richten, und du gingest frei aus, denn seit deiner Tat sind fünfzehn völlige Jahre in das Land gegangen, und hier ist uralter Brauch, daß Schuld verjährt in fünfzehn Jahren."

„Verjährt? was ist das?" fragte Faustine verblüfft.

„Durch die Wirkung der Zeit ihre Kraft verliert."

Ein höhnisches Lachen lief blitzend über die weißen Zähne der Räterin. „Also zum Beispiel", sagte sie, „wenn ich gestern noch meinen Mann vergiftet hatte und über Nacht wird die Zeit völlig, so bin ich heute keine Mörderin mehr. Diese Dummheit!"

„Doch, du bleibst eine Mörderin", belehrte sie Stemma langmütig, „aber du hast mit dem irdischen Richter nichts mehr zu schaffen, sondern nur noch mit dem himmlischen. Sühne durch gute Werke! Du hast den Anfang gemacht: fünfzehn mühselige und rechtschaffene Jahre wiegen."

„Nichts wiegen sie!" zürnte Faustine. „Ich sehe schon, du willst meiner schonen! Du heißest die Richterin, aber du bist die Ungerechte, du machst Ausnahmen, du siehst die Person an!"

„Schweige!" befahl die Richterin. „Ich bin denn doch klüger als du, und ich sage dir: deine Sache ist nicht mehr richtbar. Noch aus einem letzten Grunde. Ich kann dich nicht verdammen, auch wenn ich dir den Gefallen tun wollte, denn es steht kein Zeuge gegen dich als deine törichte Zunge. Aber weißt du was: gehe nach Chur und beichte dem Bischof. Er ist der Hirte, und du bist das Schäflein. Er mag dir die härteste Buße auflegen: Fasten, schwere Dienste, härenes Hemde, blutige Geißelungen. Fordere sie, ist er dir zu milde! Dann aber gib dich zufrieden! Unterwirf dich ganz der Kirche: sie vertritt dich, und du hast eine sichere Sache!" Sie sagte das mit einem überzeugenden Lächeln.

„Ich weiß nicht", schluchzte Faustine, „Gott sei davor, daß eine Missetäterin wie ich seiner heiligen Kirche nicht gehorche. Aber anders wäre es einfacher gewesen. Geplagt habe ich mich schon und im Schweiße meines Angesichtes zerarbeitet fünfzehn Jahre lang mit dem Trost und Vorsatz, sobald mein Kind in sein Alter und an den Mann gekommen, stracks in den Himmel zu fahren. Jetzt verrückst du mir die kurze Leiter und vertrittst mir den Weg."

„Der nach Chur ist kurz, und der an unser Ende ist nicht lang. Gehorche, Faustine!" Sie ergriff die Fackel und schritt die Stufen vorauf. Faustine folgte wie eine Seele in Pein.

Unter dem Burgtor, das sich wie von selbst öffnete, denn der Wärtel hatte die wandernde Helle wahrgenommen, blickte die Richterin in die Nacht hinaus und sagte zu Faustinen: „Lege die

Die Richterin **29**

Schuhe ab und laß die scharfen Kiesel deine Sohlen zerreißen, denn du bist eine große Sünderin!" Weinend trat Faustine ihren dunkeln Weg an.

Frau Stemma hatte recht gesagt. Da sie die hochgelegene Burgkammer betrat, schlief Palma. Neben ihren tiefen Atemzügen glomm auf einem Dreifuß eine hütende Flamme. Das Mädchen lag in ihrem ganzen Gewande auf dem Polster, die Hand über das Herz gelegt. Sie hatte das freudig pochende beruhigen wollen und war daran entschlummert. Die Mutter betrachtete die Gebärde und konnte sich der Erinnerung nicht erwehren.

Nach dem Tode des Vaters und des Gatten und nach der Geburt Palmas hatte die noch nicht zwanzigjährige Richterin die Regierung ihres Erbes mit entschlossener Hand ergriffen. Die dem jungen und schönen Weibe unter einem verwilderten, begehrlichen Adel von selbst entstehenden Freier und Feinde hatte sie mit einer über ihre Jahre scharfsinnigen Politik verneint und der Reihe nach mit den Waffen ihrer Lehensleute gebändigt. Helm und Schwert und die gerechte Sache der mutigen Richterin wurden von dem friedseligen Bischof Felix in seinem festen Hofe Chur mit weit ausgestreckten Händen gesegnet. Nach einigen stürmischen Jahren war Stemmas Herrschaft befestigt, und es trat eine große Stille ein. Jetzt rächte sich die überhetzte Natur, und Stemma verlor den Schlummer. Wenn sie nicht selbst ihn verscheuchte mit brennenden Leuchtern und endlosen Schritten. Nicht weit von dem Lager ihres Kindes, auf einer schmalen Bank in der tiefen Fensterwölbung saß sie damals oft mit verschlungenen Armen, oder dann konnte sie lange, lange mit zwei Fläschchen spielen, welche sie in der Mauer verwahrte und die der arzneikundige junge Kleriker Peregrin auf Malmort zurückgelassen hatte, da er von dannen zog, um spurlos im Gebirge zu verschwinden. Beide waren von starkem Kristall und hatten über den gläsernen Zapfen goldene Deckel, auf deren einem das Wort „Antidoton" mit griechischen Lettern eingekritzt war, während auf dem andern ein winziges Schlänglein sich krümmte. Mit diesen Fläschchen zu spielen, bis der Tag anbrach, wurde Stemma zu einem Bedürfnis. Da geschah es einmal, daß sie darüber einnickte und, als das Frühlicht sie weckte, das eine Fläschchen, das unbeschriebene, aus ihrer halbgeöffneten Hand verschwunden war. Sie geriet in entsetzliche Angst und suchte und suchte. Endlich fand sie es in dem Händchen ihres Kindes. Die kleine Palma mochte, vor ihr erwacht, sie auf nackten Sohlen beschlichen, ihr das schmucke Spielzeug entwendet und mit ihm das Lager und den Schlummer wieder gefunden haben. Das Kind hielt den Kristall an das kleine Herz gepreßt und vorsichtig löste Frau Stemma Fingerchen um Fingerchen.

Jetzt holte sie, verlockt von der frühern Gewohnheit, die lange im Verschluß gelegenen Kristalle hervor. Nachdem sie dieselben eine Weile in den Händen gehalten und mit den Fläschchen, sie unablässig wechselnd, nach ihrer alten Weise gespielt hatte, legte sie das eine unter ihren mit Gemsleder beschuhten Fuß und zertrat es auf der steinernen Fliese mit einem kräftigen Drucke zu Scherben. Die ausströmende Flüssigkeit verbreitete einen angenehmen Mandelgeruch. Im Begriffe, den zweiten Kristall unter die Sohle zu legen, besah sie noch seinen goldenen Deckel und erkannte, daß sie sich zwischen den Fläschchen geirrt hatte. Sie glaubte das inschriftlose zuerst zermalmt zu haben und hielt es noch in der Hand. Kopfschüttelnd legte sie das Schlänglein unter die Ferse, doch das festere Glas widerstand hartnäckig. Sie ergriff es wieder, und schon hob sie den Arm, um es an der Wand zu zerschmettern, da hielt sie inne, aus Furcht, mit dem klirrenden Wurfe den Schlummer des Mädchens zu stören. Oder mit einem andern Gedanken barg sie es sorgfältig in dem weiten Busen ihres Gewandes.

Frau Stemma wurden die Lider schwer, und sie ließ sich betäubt in einen Sessel fallen. Da sah sie ein Ding hinter ihrem Stuhle hervorkommen, das langsam dem Lager ihres schlummernden Kindes zustrebte. Es floß wie ein dünner Nebel, durch welchen die Gegenstände der Kammer sichtbar blieben, während das blühende Mädchen in fester Bildung und mit kräftig atmendem Leibe dalag. Die Erscheinung war die eines Jünglings, dem Gewande nach eines Klerikers, mit vorhangenden Locken. Das ungewisse Wesen rutschte auf den Knien oder watete, dem Steinboden zutrotz, in einem Flusse. Stemma betrachtete es ohne Grauen und ließ es gewähren, bis es die Hälfte des Weges zurückgelegt hatte. Dann sagte sie freundlich: „Du, Peregrin! Du bist lange weggeblieben. Ich dachte, du hättest Ruhe gefunden." Ohne den Kopf zu wenden und sich wieder um einen Ruck vorwärts bringend, antwortete der Müde: „Ich danke dir, daß du mich leidest. Es ist ohnehin das letzte Mal. Ich werde zunichte. Aber noch zieht es mich zu meinem trauten Kindchen."

„Seid ihr Toten denn nicht gestorben?" fragte die Richterin.

Wir sterben sachte, sachte", antwortete der Kleriker. „Wie denkst du? Die" – er stotterte – „die Seele wird damit nicht früher fertig als der Leib vermodert ist. Inzwischen habe ich mir diesen ärmlichen Mantel geliehen." Der Schatten schüttelte seine Gestalt wie einen rinnenden Regen. „Ei, was war der irdische Leib für ein heftiges und lustiges Feuer! In diesem dünnen Röcklein friert mich, und ich lasse es gerne fallen."

„Hernach?" fragte Stemma.

„Hernach? Hernach, nach der Schrift" –

Stemma runzelte die Stirn. „Zurück von dem Kinde!" gebot sie dem Schatten, der Palma fast erreicht hatte.

„Harte!" stöhnte dieser und wendete das bekümmerte Haupt. Dann aber, von dem warmen Atem Stemmas angezogen, schleppte er sich rascher gegen ihre Knie, auf welche er die Ellbogen stützte, ohne daß sie nur die leiseste Berührung empfunden hätte. Dennoch belebte sich der Schatten, die schöne Stirn wölbte sich, und ein sanftes Blau quoll in dem gehobenen Auge.

„Woher kommst du, Peregrin?" sagte die Richterin.

„Vom trägen Schilf und von der unbewegten Flut. Wir kauern am Ufer. Denke dir, Liebchen, neben welchem Nachbar ich zeither sitze, neben dem" – er suchte.

„Neben dem Comes Wulf?" fragte die Richterin neugierig.

„Gerade. Kein kurzweiliger Gesell. Er lehnt an seinen Spieß und brummt etwas, immer dasselbe, und kann nicht darüber wegkommen. Ob du ihm ein Leid antatest oder nicht. Ich bin mäuschenstille" – Peregrin kicherte, tat dann aber einen schweren Seufzer. Darauf schnüffelte er, als rieche er den verschütteten Saft, und suchte mit starrem Blicke unter Stemmas Gewand, wo das andere Fläschchen lag, so daß diese schnell den Busen mit der Hand bedeckte.

Da fühlte sie eine unbändige Lust, das kraftlose Wesen zu ihren Füßen zu überwältigen. „Peregrin", sagte sie, „du machst dir etwas vor, du hast dir etwas zusammengefabelt. Palma geht dich nichts an, du hast keinen Teil an ihr."

Der Kleriker lächelte.

„Du bildest dir etwas Närrisches ein", spottete die Richterin.

„Stemma, ich lasse mir mein Kindchen nicht ausreden."

„Torheit! Wie wäre solches möglich? Was weißt du, Traum?"

„Ich weiß" – der flüchtig Beseelte schien eine Süßigkeit zu empfinden, in sein kurzes und grausames Los zurückzukehren – „wie mich dein Vater überfiel, da ich von meinem Lehrer dem Abte weg über das Gebirge zog. Der Judex litt an einer Wunde und hatte von meiner Wissenschaft vernommen. Da hob er mich auf und brachte mich dir mit. Du warest noch sehr jung und o wie schön! mit grausamen schwarzen Augen! Dabei herzlich unwissend. Ich lehrte dich Buchstaben und Verse bilden, doch diese da mochtest du nicht. Lieber regiertest du in den Dörfern, schiedest Händel und

Die Richterin

machtest die Ärztin bei deinen Eigenen. Ich zeigte dir die Kräfte der Kräuter, lehrte dich allerlei brauen, und du brachtest mir aus dem Schmuckkästchen zwei Kristalle" –

Die Richterin lauschte.

„Stemma, du bist noch jung, und auch ich bin jung geblieben, wenig älter, als da wir uns liebten", schluchzte Peregrin zärtlich.

„Wir liebten uns", sagte Stemma.

„Du lagest in meinen Armen!"

„Wo dich der Judex überraschte und erwürgte", sprach sie hart. Peregrin ächzte, und Flecken wurden an seinem Halse sichtbar. „Er lud mich auf ein Maultier, zog mit mir davon und warf mich in den Abgrund."

„Peregrin, ich habe geweint! Aber besinne dich: dein ist die Schuld! Bin ich nicht dreimal vor dich getreten, mein Bündel in der Hand? Habe ich dich nicht drohend beschworen, mit mir zu fliehen? Wer wollte Fuß neben Fuß in Armut und Elend wandern? Du aber erblaßtest und erbleichtest, denn du hast ein feiges Herz. Ich liebte dich, und, bei meinem Leben! – warest du ein Mann – Vater, Heimat, alles hätte ich niedergetreten und wäre dein eigen geworden."

„Du wurdest es", flüsterte der Schatten.

„Niemals!" sagte Stemma. „Sieh mich an: gleiche ich einer Sünderin? Blicke ich wie eine Leidenschaftliche und Leichtfertige? Bin ich nicht die Zucht und die Tugend? Und so war ich immer. Du hast mich nicht berührt, kaum daß du mir mit furchtsamen Küssen den Mund streiftest. Wo hättest du auch den Mut hergenommen?"

Da geriet der Schatten in Unruhe. „O ihr Gewalttätigen beide, der Vater und du! Er hat mich geraubt und erwürgt, du, Stemma, locktest mit dem Blutstropfen! Gib den Finger, da sitzt das Närbchen!"

Stemma hob die Achseln. „Es war einmal", höhnte sie.

Da wiegte Peregrinus, der sich gleich wieder besänftigte, die Locken und sang mit gedämpfter Stimme:

> Es war einmal, es war einmal
> Ein Fürst mit seinem Kinde,
> Es war einmal ein junger Pfaff
> In ihrem Burggesinde.
>
> Am Mahle saßen alle drei,
> Da riefen den Herrn die Leute:
> „Herr Judex, auf! Zu Roß! Zu Roß!
> Im Tal zieht eine Beute!"
>
> Er gürtet sich das breite Schwert
> Und wirft mit einem Gelächter
> Den Hausdolch zwischen Maid und Pfaff
> Als einen scharfen Wächter.
>
> Den Judex hat das schnelle Roß
> Im Sturm davongetragen,
> Zweie halten still und bang
> Die Augen niedergeschlagen.
>
> Stemma hebt das Fingerlein,
> Sie tut es ihm zuleide,
> Und fährt damit wohl auf und ab
> Über die blanke Schneide.
>
> Ein Tröpflein warmen Blutes quoll" –

„Stille, Schwächling!" zürnte die Richterin. „Das hast du dir in deinem Schlupfwinkel zusammengeträumt. Solche Schmach kennt die Sonne nicht! Stemma ist makellos! Und auch der Comes, er komme nur! ihm will ich Rede stehen!"

„Stemma, Stemma!" flehte Peregrin.

„Hinweg, du Nichts!" Sie entzog sich ihm mit einer starken Gebärde, und seine Züge begannen zu schwimmen.

„Mein Weib, mein" – „Leben" wollte er sagen, doch das Wort war dem Ohnmächtigen entschwunden. „Hilf, Stemma", hauchte er,

„Wie heißt es, das Atmende, Blühende? Hilf!" Die Richterin preßte die Lippen, und Peregrinus zerfloß.

Erwacht stand sie vor dem Lager ihres Kindes. Sie küßte ihm die geschlossenen Augen. „Bleibet unwissend!" murmelte sie. Dann glitt sie neben Palma auf das breite Lager und schlang den Arm um das Mädchen, wie um eine erkämpfte Beute: „Du bist mein Eigentum! Ich teile dich nicht mit dem verschollenen Knaben! Dich siedle ich an im Licht und umschleiche dich wie eine hütende Löwin!" Der Traum hatte ihr Peregrin gezeigt nicht anders, als sein Bild in ihr zu leben aufgehört hatte. Längst war der Jüngling, dem sie sich aus Trotz und Auflehnung mehr noch als aus Liebe heimlich vermählt, an ihrem kasteiten Herzen niedergeglitten und untergegangen, und der einst aus ihrer Fingerbeere gespritzte Blutstropfen erschien der Geläuterten als ein lockeres und aberwitziges Märchen. Schon glaublicher deuchte ihr der andere Bewohner der Unterwelt, und da sie sich auf dem Lager umwendete und das Haupt in die Kissen begrub, ohne den Arm von der Schulter ihres Kindes zu lösen, erblickte die Entschlummernde den Comes, wie er an den Speer gelehnt verdrießlich im Schilfe saß und etwas Feindseliges in den Bart murmelte. Ein Lächeln des Hohnes glitt über ihr verdunkeltes Gesicht, denn Stemma kannte die Hilflosigkeit der Abgeschiedenen.

Im ersten Lichte weckte die zwei Schlafenden ein jäher Hornstoß und riß sie vom Lager empor. Der gewaltsame Tagruf beleidigte das feine Ohr der Richterin. Sie erriet, wen er meldete, und mit schnellem Entschluß und festem Schritte ging sie Wulfrin entgegen. Noch vor ihr, den rasch ergriffenen Wulfenbecher in der Hand, war Palma durch die Tür gehuscht.

In das von Rudio geöffnete Tor tretend, stand Stemma vor dem Höfling, der sie mit verwunderten Augen betrachtete. Das Antlitz gebot ihm Ehrfurcht. Er verschluckte ein unziemliches Scherzwort über sein durch vier Weiber gerettetes Leben. Bewältigt von dem ruhig prüfenden Blicke und der Hoheit der blassen Züge sagte er nur: „Hier hast du mich, Frau", worauf sie erwiderte: „Es hat Mühe gekostet, dich nach Malmort zu bringen."

„Wo ist die Schwester, daß ich sie küsse?" fuhr er fort, und diese, die inzwischen den Becher gefüllt hatte, eilte ihm mit klopfendem Herzen und leuchtenden Augen zu, obwohl sie vorsichtig schritt und den Wein nicht verschütten durfte. Sie trat vor den Bruder und begann den Spruch. Da aber Stemma den Kelch, der dem Comes den Tod gebracht, in den Händen ihres Kindes erblickte und den frischen Mund über seinem Rand, empfand sie einen Ekel und einen tiefen Abscheu. Mit sicherm Griffe bemächtigte sie sich des Bechers, den das überraschte Mädchen ohne Kampf und Widerstand fahren ließ, führte ihn kredenzend an den eigenen Mund und bot ihn dem Höfling mit den einfachen Worten: „Dir und dieser zum Segen!" Wulfrin leerte den Becher ohne jegliche Furcht.

Palma stand bestürzt und beschämt. Da hieß die Mutter sie die Glocke ziehen, die hoch oben in einem offenen Türmchen hing und das Gesinde weither zum Angelus rief. Palma hatte als Kind Freude gehabt, das leichtbewegliche Glöcklein erschallen zu lassen, und das Amt war dem Mädchen geblieben. Sie fügte sich zögernd.

„Frau, warum hast du ihr die Freude verdorben?" fragte Wulfrin. Stemma wies ihm die Inschrift des Bechers. „Siehe, es ist der Spruch eines Eheweibes", sagte sie. „Davon lese ich nichts", meinte er.

„Erfreue dich am Wein!
Willkomm...!"

Der Finger der Richterin zeigte das Verwischte, aus welchem für ein genauer prüfendes Auge noch drei Buchstaben leserlich hervortraten, ein i, ein K, ein l. Wulfrin erriet ohne Mühe:

„Willkomm im Kämmerlein!"

Die Richterin 37

„Du hast recht, Frau", lachte er.

Sie nahm ihn an der Hand und führte ihn vor das Grabmal. Da lag ihm der Vater, die Linke am Schwert, die Rechte am Hifthorn, die steinernen Füße ausgestreckt. Wulfrin betrachtete die rohen aber treuherzigen Züge nicht ohne kindliches Gefühl. Das abgebildete Hifthorn erblickend, hob er in einer plötzlichen Anwandlung das wirkliche, das er an der Seite trug, vor den Mund und tat einen kräftigen Stoß. „Fröhliche Urständ!" rief er dem in der Gruft zu.

„Laß das!" verbot die Richterin, „es tönt häßlich."

Sie setzte sich auf den Rand des Steinsarges, neben ihr eigenes liegendes Bild, das die betenden Hände gegeneinander hielt, und begann: „Da du nun auf Malmort bist, verlässest du es nicht, Wulfrin, ohne mich – nach vernommenen Zeugen – angeklagt oder freigegeben zu haben von dem Tode des Mannes hier." Der Höfling machte eine widerwillige Gebärde. „Füge dich", sagte sie. „Ist es dir keine Sache, so ist es eine Form, die du mir erfüllen mußt, denn ich bin eine genaue Frau."

„Gnadenreich wird dir ausgerichtet haben", versetzte der Höfling aufgebracht, „daß ich dich nie beargwöhnte, weder ich noch Arbogast, der mir das Zusammensinken des Vaters beschrieben hat. Ich bin kein Zweifler und möchte nicht leben als ein solcher. Es gibt deren, die in jedem Zufall einen Plan, und in jedem Unfall eine Schuld wittern, doch das sind Betrogene oder selbst Betrüger. Der Himmel behüte mich vor beiden! Hätte ich aber Verdacht geschöpft und Feindseliges gegen dich gesonnen, jetzt, da ich dein Antlitz sehe, stünde ich entwaffnet, denn wahrlich du blickst nicht wie eine Mörderin. Wärest du eine Böse, woher nähmest du das Recht und die Stirn, das Böse aufzudecken und zu richten? Dawider empört sich die Natur!"

Ein Schweigen trat ein. „Aber was ist das für ein dumpfes Dröhnen, das den Boden schüttert?"

„Das ist der Strom", sagte die Richterin, „der den Felsen benagt und unter der Burg zu Tale stürzt."

„Wahr ist es, Frau", fuhr der Höfling treuherzig fort, „daß ich dich nie leiden mochte, und ich sage dir warum. Dieser Greis hier, mein Vater, war ein roher und gewaltsamer Mann. Ich sage es ungern: er hat an meinem Mütterlein mißgetan, ich glaube, er schlug es. Ich mag nicht daran denken. Ins Kloster hat er es gesperrt, sobald es abwelkte. Da ist es nicht zu wundern, wie wir Menschen sind, daß ich von dir nichts wissen wollte, die es von seinem Platze verstieß."

„Nicht ich. Hier tust du mir unrecht. Da wir so zusammensitzen, Wulfrin, warum soll ich es dir nicht erzählen? Ich habe deiner Mutter nichts zuleide getan. Kälter und lebloser als diese steinerne war meine Hand, da sie gewaltsam in die deines Vaters gedrückt wurde. Aus dem Kerker hergeschleppt, zugeschleudert wurde ich ihm von dem Judex, der mir einen zitternden und zagenden Liebling von niederer Geburt erwürgt hatte. Nicht jedes Weib würde dir solches anvertrauen, Wulfrin."

„Ich glaube dir", sagte dieser.

„Einer Gezwungenen und Entwürdigten", betonte sie, „gab dein Vater sterbend die Freiheit. Und ich wurde Herrin von Malmort. Du hast Grund, Wulfrin, dir die Sache zu besehen. Sie ist dunkel und schwer. Betrachte sie von allen Seiten! Denn, du räumst mir ein, vernichtete ich deinen Vater, so bin ich oder du bist zuviel auf der Erde."

„Verhöhnst du mich?" fuhr er auf, „doch nein, du blickst ernst und traurig. Siehe, Frau, das ewige Verhören und Richten hat dich quälend und peinlich gemacht und wahrhaftig, ich glaube" – seine Augen deuteten auf den Stein – „auch eine Frömmlerin bist du." Er hatte rings um das Frauenhaupt die Worte gelesen: „Orate pro magna peccatrice." „Das hier ist großgetan."

Die Richterin

„Ich bin eine kirchliche Frau", antwortete Stemma, „doch wahrlich, ich bin keine Frömmlerin, denn ich glaube nur, was ich an dem eigenen Herzen erfahren habe. Dein Knecht, der Steinmetz Arbogast, fragte mich in seiner einfältigen Art, was er mir um das Haupt schreiben dürfe. In seiner schwäbischen Heimat sei bei vornehmen Frauen die Umschrift gebräuchlich: Betet für eine Sünderin. „Schreibe mir", sagte ich, „'Betet für die große Sünderin', denn, Wulfrin, du hast recht gesagt, was ich tue, tue ich groß."

„Hübsch!" rief der Höfling, aber nicht als Antwort auf diesen Selbstruhm, sondern das Haupt in die Höhe richtend, wo Palma stand und das helltönige Glöcklein zog. Sie hatte sich lange auf der Wendeltreppe gesäumt und aus den Luken nach dem ihr vorenthaltenen Bruder zurückgeblickt. In der weiten Bogenöffnung des von den ersten Sonnenstrahlen vergoldeten Turmes wiegte sich ein lichtes Geschöpf auf dem klingenden Morgenhimmel. Der Höfling sah einen läutenden Engel, wie ihn etwa in der zierlichen Initiale eines kostbaren Psalters ein farbenkundiger Mönch abbildet. Eine Innigkeit, deren er sich schämte, rührte und füllte sein Herz. Hatte ihn doch dieses lobpreisende Kind vom Tode errettet.

Inzwischen sammelte sich im Burghofe das Gesinde der Richterin, wohl einhundert Köpfe stark, Männer und Weiber, ein finsteres, sehniges, sonneverbranntes Geschlecht, das den Behelmten eher feindlich als neugierig musterte. Dieser, die wieder zur Erde gestiegene Palma darunter erblickend, machte sich Bahn, und als wollte er sich für die flüchtige Andacht rächen, welche er zu einem Geschöpf aus irdischem Stoffe empfunden, legte er ihr die Hand auf die Achsel, und den blühenden Mund findend, küßte er ihn kräftig. Sie zitterte vor Freude und wollte erwidern, doch schneller faßte die Richterin mit der Linken ihre Hand, die Rechte Wulfrin bietend, und führte die beiden in die Mitte ihres Volkes.

„Bruder und Schwester", verkündigte sie und sich auf die andere Seite wendend noch einmal: „Schwester und Bruder."

So ungefähr hatten es sich Knechte und Mägde schon zurechtgelegt, denn die Ähnlichkeit Wulfrins mit dem steinernen Comes war unverkennbar, nur daß sich der Vater in dem Sohne beseelt und veredelt hatte, des Hifthorns an der Seite Wulfrins zu geschweigen, das anschauliches Zeugnis gab von seiner Abstammung.

Nur das runzlige, stocktaube Mütterchen, die Sibylle, hatte nichts vernommen und nichts begriffen. Sie trippelte kichernd um das Mädchen, zupfte und tätschelte es, grinste zutulich und sprudelte aus dem zahnlosen Munde: „O du mein liebes Herrgöttchen! Was für einen hat dir da die Frau Mutter gekramt! Zum Wiederjungwerden. Von Paris ist er verschrieben, aus den Buben, die dem Großmächtigen dienen. Krause Haare, prächtige Ware!"

„Halt das Maul, Drud!" schrie dem Mütterchen der Knecht Dionys ins Ohr, „es ist der Bruder!", und sie versetzte. „Das sage ich ja, Dionys: der Gnadenreich ist ein tröstlicher und auferbaulicher Herr, aber der da ist ein gewaltiger, stürmender Krieger! O du glückseliges Pälmchen!", und so unziemlich schwatzte sie noch lange, wenn man sie nicht zurückgedrängt und ihr den frechen Mund verhalten hätte. Denn die Morgenandacht begann, und von einer entfernteren Gruppe wurde schon die Litanei angestimmt. Wie von selbst ordnete sich der Frühdienst, einen Halbkreis bildend, in dessen Mitte die Richterin den schleppenden Gesang leitete, der, dieselben Rhythmen und Sätze immer dringender und leidenschaftlicher wiederholend, den Himmel über Malmort anrief.

Wulfrin, welcher, er wußte nicht wie, an das eine Ende des andächtigen Kreises geraten war, erblickte sich gegenüber die Schwester. Alles hatte sich niedergeworfen, er und die Richterin ausgenommen. Seine Blicke hingen an Palma. Auf beiden Knien liegend, die Hände im Schoß gefaltet, sang sie eifrig mit den jungen rätischen Mägden. Aber das Freudefest, das sie in der vollen Brust mit dem endlich erlangten Bruder, dem neuen und guten Gesellen feierte, strahlte ihr aus den Augen und jubelte ihr auf den Lippen, daß die

Die Richterin

Litanei darüber verstummte. Die geöffneten gaben durch die Lüfte den Kuß des Bruders zurück. Und jetzt sich halb erhebend, streckte sie auch die Arme nach ihm. Nur eine flüchtige Gebärde, doch so viel Glut und Jugend ausströmend, daß Wulfrin unwillkürlich eine abwehrende Bewegung machte, als würde ihm Gewalt angetan. „Der Wildling!" lachte er heimlich. „Aber die wird dem wackern Gnadenreich zu schaffen machen! Ich muß ihm noch das wilde Füllen zähmen und schulen, daß es nicht ausschlage gegen den frommen Jüngling! Warte du nur!"

Und um die Erziehung zu beginnen, wendete er sich, da die Richterin das Amen sprach und Palma gegen ihn aufsprang, von ihr ab, geriet aber an Frau Stemma, die seine Hand ergriff, ihn feierlich in die Mitte führte und mit eherner Stimme zu reden begann: „Meine Leute! Wer von euch, Mann oder Weib, so alt ist, daß er vor jetzt sechzehn Jahren hier stand, während ich den Comes empfing, der davon herkam euren erschlagenen Herrn, den Judex, zu rächen – wer so alt ist und dabei gegenwärtig war, der bleibe! Ihr Jüngern, lasset uns, auch du, Palma!"

Sie gehorchten. Palma zog sich schmollend in den äußersten Burgwinkel zurück, eine halbrunde Bastei, die, ein paar Stufen tiefer als der Hof, über dem senkrechten Abgrunde ragte, durch welchen die Bergflut in ungeheurem Sturze zu Tale fiel. Sie setzte sich auf die breite Platte der Brüstung, blickte, den Arm vorgestützt, in den schneeweißen Gischt hinein, der ihr mit seinem feinen Regen die Wange kühlte, und hörte in dem Tumulte der Tiefe nur wieder den Jubel und die Ungeduld des eigenen Herzens.

Im Hofe hinter ihr ging inzwischen die rechtliche Handlung ihren Schritt, und Rede und Gegenrede folgte sich, rasch und doch gemessen, nach dem Winke der Richterin.

„Hier steht der Sohn des Comes. Ihr seid ihm die Wahrheit schuldig. Saget sie. Habet ihr das Bild jener Stunde?"

„Als wäre es heute" – „Ich sehe den Comes vom Rosse springen" – „Wir alle" – „Dampfend und keuchend" – „Du kredenztest" – „Drei lange Züge" – „Mit einem leerte er den Becher" – „Er sank" – „Wortlos" – „Er lag."

„Bei eurem Anteil am Kreuze?" fragte sie.

„So und nicht anders. Bei unserm Anteil am Kreuze!" antwortete der vielstimmige Schwur.

„Wulfrin, ich bitte dich, du blickst zerstreut! Wo bist du? Nimm dich zusammen!"

Hastig und unwillig erhob er die Hand.

Die Richterin faßte ihn am Arm. „Kein Leichtsinn!" warnte sie. Frage, untersuche, prüfe, ehe du mich freigibst! Du begehst eine ernste, eine wichtige Tat!"

Wulfrin machte sich von ihr los. „Ich gebe die Richterin frei von dem Tode des Comes und will verdammt sein, wenn ich je daran rühre!" schwur er zornig.

Der Burghof begann sich zu leeren. Wulfrin starrte vor sich hin und vernahm, so überzeugt er von der Unschuld der Richterin war und so erleichtert, mit einer häßlichen Sache fertig zu sein – dennoch vernahm er aus seinem Innern einen Vorwurf, als hätte er den Vater durch seine Unmut und seine Hast preisgegeben und beleidigt. So stand er regungslos, während die Richterin langsam auf ihn zutrat, sich an seiner Brust emporrichtete und ihm Kette und Hifthorn leicht über das Haupt hob. „Als Pfand meiner Freigebung und unsers Friedens", sagte sie freundlich. „Ich kann seinen Ton nicht leiden." Und sie schritt durch den Hof die Stufen hinunter und hinaus auf die Bastei und schleuderte das Hifthorn mit ausgestreckter Rechten in die donnernde Tiefe.

Jetzt kam Wulfrin zur Besinnung und eilte ihr nach, das väterliche Erbe zurückzufordern. Er kam zu spät. In den betäubenden Abgrund blickend, der das Horn verschlungen hatte, hörte er unten

Die Richterin

einen feindlichen Triumph wie Tuben und Rossegewieher. Sein Ohr hatte sich in den Ebenen der lauten Rede entwöhnt, welche die Bergströme führen. Als er wieder aufschaute, war die Richterin verschwunden. Nur Palma stand neben ihm, die ihn umhalste und herzlich auf den Mund küßte.

„Laß mich!" schrie er und stieß sie von sich.

3.

An einem Fenster von Malmort, durch welches der Talgrund mit seinen Türmen und Weilern als duftige Ferne hereinschimmerte, stand die Richterin mit Wulfrin und zeigte ihm die Größe ihres Besitzes. „Das beherrsche ich", sagte sie, „und Palma nach mir. Dich aber, Wulfrin, habe ich schon ehevor dazu ausersehen – wie es auch deine brüderliche Pflicht ist –, der Schwester, wenn ich stürbe, dieses weite Erbe zu sichern."

„Planvoll, aber ferneliegend", sagte er.

„Fern oder nahe. Du bist ihr natürlicher Beschützer. Ich kann mein Kind keinem Mächtigen dieses Landes vermählen, denn sie sind ein zuchtloses und sich selbst zerstörendes Geschlecht. Ich bände sie an den Schweif eines gepeitschten Rosses! Ringsherum keine Burg, an der nicht Mord klebte! Soll mir mein Kind in einem Hauszwist oder in einer Blutrache untergehen? Ja, fände ich für sie einen Guten und Starken wie du bist, dann wäre ich ruhig und könnte dich freigeben, du hättest weiter keine Pflicht an ihr zu erfüllen. Ich weiß ihr keinen Gatten als allein Gnadenreich, und der besitzt das Land, nach der Verheißung, als ein Sanftmütiger, kann es aber gegen die Gewalttätigen nicht behaupten, deren Zahl hier Legion ist. Erst seine Söhne werden kraft meines Blutes Männer sein. Bis diese kommen und wachsen, wirst du schon deine gepanzerte Hand über Gnadenreich und Palma halten und die Herrschaft führen müssen. Denn ewig reitest du nicht mit dem Kaiser. Vielleicht auch, wer weiß, erhebt er dich zum Grafen über diesen Gau, oder dann erhältst du von mir eine Burg, jene" – sie wies auf einen Turm am Horizonte – „oder eine andere, nach deinem Gefallen. Oder du hausest hier auf meinem eigenen festen Malmort." Sie legte ihm vertrauend die Hand auf die Schulter.

„Aber, Frau", sagte er, „du lebst!", und sie erwiderte: „Solang ich lebe, herrsche ich."

„Dann hat es keine Eile", antwortete er. „Daß der Schwester nichts geschehen darf, versteht sich und gelobe ich dir. Doch jetzt muß ich reiten, heute! in einer Stunde!"

„Zum Kaiser? Du hast ihm bereits meinen ortserfahrenen Rudio geschickt mit der sichern Kundschaft, daß die Lombarden sich am Mons Maurus befestigen und dort noch ein blutiger Sturm wird gegen sie geführt werden müssen. Herr Karl sitzt in Mediolanum, wie wir wissen. So braucht es dir nicht zu eilen."

„Ich lag schon zu lange hier, mich verlangt in den Bügel", sagte der Höfling, und die Richterin erwiderte nachgiebig: „Dann schenkst du mir noch diesen Tag. Ich sähe es gerne, wenn du Palma verlobtest. Warum Gnadenreich sich hier nicht blicken läßt? Er hält sich wohl in seinem Pratum eingeschlossen, der Lombarden halber, vorsichtig wie er ist, obschon, wie ich glaube, diese hier verstoben sind. Weißt du was? Geh und bring ihn. Oder wüßtest du deiner Schwester einen bessern Mann?"

„Nein, Frau, wenn sie ihn mag! Doch was habe ich dabei zu raten und zu tun? Das ist deine Sache und die des Pfaffen, der sie zusammengibt. Ich will den Rappen satteln gehen, den du mir geschenkt hast."

Sie blickte ihn mit besorgten Augen an. „Was ist dir, Wulfrin? Du siehst bleich! Ist dir nicht wohl hier? Und mit Palma gehst du um wie mit einer Puppe, du stößest sie weg, und dann hätschelst du sie wieder. Du verdirbst mir das Mädchen. Wo hast du solche Sitte gelernt?"

„Sie ist aufdringlich", sagte er. „Ich liebe freie Ellbogen und kann es nicht leiden, daß man sich an mich hängt. Sie läuft mir nach, und wenn ich sie schicke, weint sie. Dann muß ich sie wieder trösten. Es ist unerträglich! Ich habe die Gewohnheit breiter Ebenen

Die Richterin

und großer Räume – auf diesem Felsstück ist alles zusammengeschoben. Das Gebirge drückt, der Hof beengt, der Strom schüttert – an jeder Ecke, auf jeder Treppe dieselben Gesichter! Verwünschtes Malmort! Hier hältst du mich nicht. Hier lasse ich mich nicht einmauern. Mache dir keine Rechnung, Frau."

„Du tust mir wehe", sagte sie.

Die harte Rede reute ihn. „Frau, laß mich ziehen!" bat er. „Und daß du dich zufrieden gebest, hole ich dir heute noch den Gnadenreich, und wir verloben die Schwester. Wo haust er?"

„Ich danke dir, Wulfrin. Graciosus wohnt nicht ferne von hier, in Pratum." Sie deutete nach einer zerrissenen Schlucht, über welcher eine grüne Alp hoch emporstieg. „Ich gebe dir einen Führer. Den Knaben hier." Sie zeigte in den Hof hinunter, wo ein Hirtenbube sich damit beschäftigte, eine Sense zu wetzen. Palma stand neben ihm und plauderte.

„Gabriel", rief ihn die Richterin, „du führst deinen Herrn Wulfrin nach Pratum."

„Den Höfling? Mit Freuden!" jauchzte der Bube.

„Er träumt davon", erklärte die Richterin, „hinter dem Kaiser zu reiten. Besieh dir ihn."

„Darf ich mit?" fragte Palma und hob das Haupt.

„Nein", sagte die Richterin.

„Bruder!" bat sie und streckte die Hände.

„Schon wieder! Zum Teufel!" fluchte er. Ihre Augen füllten sich mit Tränen. „So komm, Närrchen!"

Da die dreie barhaupt und reisefertig in dem feuchten Tore standen, während ringsum die Sonne brannte, sagte die geleitende Richterin zu Wulfrin: „Ich anvertraue dir Palma: hüte sie!"

„Halleluja! Voran, Engel Gabriel!" jubelte das Mädchen.

Unten am Burgweg sagte der Hirtenbube: „Herr, es gibt zwei Wege nach Pratum. Der eine steigt durch die Schlucht, der andere über die Alp." Er wies mit der Hand. „Wenn es dir und der jungen Herrin beliebt, so nehmen wir diesen. Oben schaut es sich weit und lustig, und es könnte trübe werden gegen Abend. Es ist ein Gewitterchen in der Luft."

„Ja, über die Alp, Wulfrin!" rief Palma. „Ich will dir dort meinen See zeigen", und leichtgeschürzt schlug sie sich über eine lichte Matte, die bald zu steigen begann und immer steiler wurde.

Leicht wie auf Flügeln, mit frei atmender Brust ging das Mädchen bergan und blieb unter der sengenden Sonne frisch und kühl wie eine springende Quelle. Der Berg hatte an dem Kinde seine Freude. Glänzende Falter umgaukelten ihr das Haupt, und der Wind spielte mit ihrem Blondhaar.

Wulfrin schaute um nach Malmort, das grau schimmernd kaum aus der Morgenlandschaft hervortrat. „Wie geschah mir", fragte er sich, „in jenem Gemäuer dort? Wie konnte mich dieses unschuldige Geschöpf beängstigen, dieses fröhliche Gespiel, diese behende Gems mit hellen Augen und flüchtigen Füßen?" Ihm wurde wohl, und er mochte es gerne, daß der Knabe zu plaudern begann.

Gabriel erzählte von den Lombarden, welche er als Späher der Richterin beschlichen hatte. Sie seien überall und nirgends. Sie nisten in den Pässen, belauern die Boten und plündern die Säumer. Sie berauschen sich in dem geraubten heißen Weine von drüben, prahlen mit besiegten Waffen, fabeln von der Herstellung der eisernen Krone und leugnen oder lästern den Weltlauf. Sie beten den Teufel an, der das Regiment führe, „und doch", endigte der Knabe, „sind sie gläubige Christen, denn sie stehlen aus unsern Kirchen alles heilige Gebein zusammen, soviel sie davon erwischen können. Es ist Zeit, daß der Herr Kaiser zum Rechten sehe und ihnen feste Bezirke und einen Richter gebe."

Da nun Gabriel bei dem Kaiser angelangt war, dessen erneuerte Würde ihren Schimmer bis in dieses wilde Gebirge warf, begeisterten sich seine Augen und er rief: „Diesem und keinem andern will ich dienen! Ich heiße Gabriel und schlage gerne mit Fäusten, lieber hieße ich Michael und hiebe mit dem Schwerte! Recht muß dabei sein, und der Kaiser hat immer Recht, denn er ist eins mit Gott Vater, Sohn und Geist. Er hat die Weltregierung übernommen und hütet, ein blitzendes Schwert in der Faust, den christlichen Frieden und das tausendjährige Reich."

Nun mußte ihm Wulfrin den Kaiser beschreiben, die Spangen seiner Krone, den blauen, langen Mantel, das tiefsinnige Antlitz, das kurzgeschorene Haupt, den hangenden Schnurrbart, „den wir Höflinge ihm nachahmen", sagte er lachend.

„Wie blickt der Kaiser?" fragte Palma, und Wulfrin antwortete ohne Besinnen: „Milde."

Die Kinder lauschten andächtig und bestaunten den Mann, der mit dem Herrn der Welt Umgang pflog; sobald aber die Höhe erreicht war, wo sich der Rasen breitete, war es mit der Andacht vorbei. Gabriel jauchzte gegen eine ernsthafte Felswand, die den Knabenjubel gütig spielend erwiderte, und Palma lief, den Höfling an der Hand, einem gründunkelklaren Gewässer entgegen, das die Wand mit ihrem Riesenschatten noch immer vor der schon hohen Sonne verbarg. Sie umwandelten das mit Felsblöcken besäte Ufer bis zu einem bemoosten Vorsprung, der weiche Sitze bot. Hier zog sie ihn nieder, und wie sie so lagerten, sagte sie: „Nun ist das Märchen erfüllt von dem Bruder und der Schwester, die zusammen über Berg und Tal wandern. Alles ist schön in Erfüllung gegangen."

„Haust hier unten auch eine?" neckte Wulfrin den Buben. Gabriel blieb die Antwort schuldig, denn er mochte sich vor dem Höfling nicht bloßstellen.

„Dumme Geschichten", lachte dieser, „es gibt keine Elben."

„Nein", sagte Gabriel bedenklich und kratzte sich das Ohr, „es gibt keine, nur darf man sie nicht mit wüsten Worten rufen oder gar ihnen Steine ins Wasser schmeißen. Aber, Herr, wo hast du dein Hifthorn? Du trugest es an der Seite, da du nach Malmort kamst."

„Es ist in den Strom gestürzt", fertigte ihn der Höfling ab.

„Das ist nicht gut", meinte der Knabe.

„Heho, Gabriel!" rief es aus der Ferne, und ein anderer Hirtenbube wurde sichtbar. „Ein Fohlen hat sich nach Alp Grun verlaufen, kohlschwarz mit einem weißen Blatt auf der Stirn. Ich wette, es gehört nach Malmort."

Gabriel sprang mit einem Satz in die Höhe. „Heilige Mutter Gottes", rief er, „das ist unsere Magra, der muß ich nach! Lieber Herr, entlasse mich. Du wirst dich schon zurechtfinden. Ein Mensch ist vernünftiger als ein Vieh. Dort", er deutete rechts, „Siehst du dort den roten Grat? Den suche, dahinter ist Pratum. Auch weiß die kleine Herrin Bescheid." Und weg war er, ohne sich um Antwort zu kümmern.

„Palma", lachte Wulfrin, „wenn da unten eine Elbin leuchtete?"

„Mich würde es nicht wundern", sagte sie. „Oft, wenn ich hier liege, erhebe ich mich, steige sachte ans Ufer nieder und versuche das Wasser mit der Zehe. Und dann ist mir, als löse ich mich von mir selbst, und ich schwimme und plätschere in der Flut. Aber siehe!"

Sie deutete auf ein majestätisches Schneegebirge, das ihnen gegenüber sich entwölkte. Seine verklärten Linien hoben sich auf dem lautern Himmel rein und zierlich, doch ohne Schärfe, als wollten sie ihn nicht ritzen und verwunden, und waren beides, Ernst und Reiz, Kraft und Lieblichkeit, als hätten sie sich gebildet, ehe die Schöpfung in Mann und Weib, in Jugend und Alter auseinanderging.

Die Richterin **51**

„Jetzt prangt und jubelt der Schneeberg", sagte Palma, „aber nachts, wenn es mondhell ist, zieht er bläulich Gewand an und redet heimlich und sehnlich. Da ich mich jüngst hier verspätete, machte sich der süße Schein mit mir zu schaffen, lockte mir Tränen und zog mir das Herz aus dem Leibe. Aber siehe!" wiederholte sie.

Eine Wolke schwebte über den weißen Gipfeln, ohne sie zu berühren, ein himmlisches Fest mit langsam sich wandelnden Gestalten. Hier hob sich ein Arm mit einem Becher, dort neigten Freunde oder Liebende sich einander zu, und leise klang eine luftige Harfe. Palma legte den Finger an den Mund. „Still", flüsterte sie, „das sind Selige!" Schweigend betrachtete das Paar die hohe Fahrt, aber die von irdischen Blicken belauschte himmlische Freude löste sich auf und zerfloß. „Bleibet! oder gehet nur!" rief Palma mit jubelnder Gebärde, „Wir sind selige wie ihr! Nicht wahr, Bruder?", und sie blickte mit trunkenen Augen bis in den Grund der seinigen.

Es kam die schwüle Mittagsstunde mit ihrem bestrickenden Zauber. Palma umfing den Bruder in Liebe und Unschuld. Sie schmeichelte seinem Gelocke wie die Luft und küßte ihn traumhaft wie der See zu ihren Füßen das Gestade. Wulfrin aber ging unter in der Natur und wurde eins mit dem Leben der Erde. Seine Brust schwoll. Sein Herz klopfte zum Zerspringen. Feuer loderte vor seinen Augen...

Da rief eine kindliche Stimme: „Sieh doch, Wulfrin, wie sie sich in der Tiefe umarmen!"

Sein Blick glitt hinunter in die schattendunkle Flut, die Felsen und Ufer und das Geschwisterpaar verdoppelte. „Wer sind die zweie?" rief er.

„Wir, Bruder", sagte Palma schüchtern, und Wulfrin erschrak, daß er die Schwester in den Armen hielt. Von einem Schauder geschüttelt sprang er empor, und ohne sich nach Palma umzusehen, die ihm auf dem Fuße folgte, eilte er in die Sonne und dem nahen Grate zu, wo jetzt eine Figur mit einem breiten Hut und einem langen Stabe Wache zu halten schien.

„Grüß Gott! grüß Gott!" bewillkommte Gnadenreich die Geschwister, ohne einen Schritt vom Platze zu tun. Er streckte ihnen nur die Hände entgegen. „Ich habe es dem Ohm feierlich geloben müssen", erklärte er, „solange die Lombardengefahr dauert, die Grenze meiner Weiden hütend zu umwandeln, aber nicht zu überschreiten, denn Pratum ist ein Lehen des Bistums, und die Kirche hält Frieden. Sei willkommen, Wulfrin, und Palma nicht minder!" Seine Blicke liefen rasch zwischen dem Höfling und dem Mädchen: beide schienen ihm befangen. Er wurde es auch, denn er glaubte die Ursache ihres Weges zu wissen, und da sie schwiegen, begann er ein großes Geplauder.

„Sie haben dem guten Ohm böse mitgespielt", erzählte er. „Wir saßen zu dreien in der Stube beim Nachtische, denn die Richterin war nach Chur gekommen, um den Bischof gegen die Lombarden in die Waffen zu treiben, was er ihr als ein Kind des Friedens verweigern mußte. Frau Stemma und der Ohm stritten sich bei den Nüssen, wie sie zuweilen tun, über die Güte der Menschennatur. Nun hatten sich kürzlich zwei arge Geschichten ereignet. Jucunda, die junge Frau des Montafuners, welche Bischof Felix gefirmelt hatte" –

„Mit mir. Sie war sein Liebling", rief Palma, die wieder dicht neben dem Höfling schritt.

„Still!" sagte dieser ungebärdig, und das Mädchen lief nach einer Blume.

– „wurde von ihrem Manne mit einem Edelknecht ertappt und durch das Burgfenster geworfen. Wenige Tage später schlug der Schamser mitten im Stiftshofe dem Bergüner nach kurzem Wortwechsel den Schädel ein, und doch hatten sie eben auf die priesterliche Zusprache des Ohms sich geküßt und miteinander den Leib des Herrn empfangen. Solches hielt ihm Frau Stemma vor, doch

Die Richterin 53

der Ohm erwiderte: 'Das sind Wallungen und augenblickliche Verfinsterungen der Vernunft, aber die Natur ist gut und wird durch die Gnade noch besser'. Der Ohm ist ein bißchen Pelagianer, hi, hi!"

„Pelagianer?" fragte der Höfling zerstreut, denn sein Blick rief Palma, die ihm gleich wieder zusprang. „ist das nicht eine Gattung griechischer Krieger?"

„Nicht doch, Wulfrin, es ist eine Gattung Ketzer. Also: Frau Stemma und der Ohm stritten über das Böse. Da sieht der Bischof, der kurzsichtig ist, auf Felicitas – diesen Namen hat er der nahen Höhe gegeben, wo ihm ein Sommerhaus steht – eine Flamme. 'Wir feiern den Abzug der Lombarden', lächelte er. Frau Stemma blickt hin und bemerkt in ihrer ruhigen Weise: 'Ich meine, sie sind es selber', und richtig tanzten sie auf dem Hügel wie Dämonen um den Brand.

Da lärmt es auf dem Platz. Ein Bösewicht fällt mit der Türe ins Haus und redet: 'Bischof, tue nach dem Evangelium und gib mir den Rock, nachdem du seine Taschen mit Byzantinern gefüllt hast, denn deine Mäntel haben wir in der Sakristei drüben schon gestohlen!' Der Ohm erstarrt. Jetzt tritt der Lombarde auf Stemma zu, welche im Halbdunkel saß, 'Die Frau da', höhnt er, 'hat einen Heiligenschein um das Haupt, her mit dem Stirnband!' Da erhebt sich Frau Stemma und durchbohrt den Menschen mit ihren fürchterlichen Augen: 'Unterstehe dich!' 'Ja so', sagt er, 'die Richterin!' und biegt das Knie. Da der arme Ohm endlich aufatmete, nach erbrochenen Kisten und Kasten, rief ihn der Höllenkerl wieder vom Domplatze her ans Fenster. Er ritt mit nackten Fersen den schönsten Stiftsgaul, dem er eine purpurne Altardecke übergelegt – sich selbst hatte er ein Meßgewand umgehangen –, und zog dem Kirchenschimmel mit dem entwendeten Krummstab von Chur einen solchen über den blanken Hinterbacken, daß er bolzgerade stieg und der Stab in Trümmer flog. 'Bischof, segne mich!' schrie der

Lombarde. Der Ohm in seiner Frömmigkeit besiegte sich. 'Ziehe hin in Frieden, mein Sohn!' sprach er und hob die Hände.

'Dich, Bischof', jauchzte der Lombarde, 'hole der Teufel!'

'Und dich hole er gleichfalls!' gab der Ohm zurück. Ich hätte es eigentlich nicht erzählen sollen", endete Gnadenreich halb reuig, „es hat den Ohm schrecklich erbost."

Palma hatte gelacht, auch der Höfling verzog den Mund, und Gnadenreich wurde immer gesprächiger und zutulicher.

„Wir haben uns eine Ewigkeit nicht gesehen, Wulfrin", sagte er. „Ich verließ Rom bald nach dir, aber was habe ich nicht dort noch erlebt! Welche Bekanntschaften habe ich gemacht! Ich ging dein Büchlein im Palaste holen und traf ihn selbst, der es geschrieben. Welch ein Kopf! Fast zu schwer für den kleinen Körper! Was da alles drinnesteckt! Kaum ein Viertelstündchen kostete ich den berühmten Mann, aber in dieser winzigen Spanne Zeit hat er mich für mein Lebtag in allem Guten befestigt. Dann pochte es ganz bescheiden und leise, und wer tritt ein? – ich bitte dich, Wulfrin! – der Kaiser. Ich verging vor Ehrfurcht. Er aber war gnädig und ergötzte sich, denke dir! an deiner Geschichte, Wulfrin, die er sich von mir erzählen ließ" –

Jetzt verstand Graciosus sein eigenes Wort nicht mehr, denn sie gerieten zwischen die Herden und das grüne Pratum wurde voller Geblöke und Gebrülle. Einer der magern und wolfähnlichen Berghunde beschnoberte den Höfling, sprang dann aber liebkosend an ihm auf und beleckte ihn, wenn Graciosus dem Tiere seine Ungezogenheit nicht verwiesen hätte. Palma aber wurde von den Hirtenmädchen umringt und mit Verwunderung angestarrt. Die junge Herrin von Malmort war leutselig und frug alle nach ihren Namen und Herden.

„Ich bin gewiß kein Plauderer", sagte Graciosus, nachdem er Raum geschafft hatte, „aber du begreifst, wenn der Kaiser befiehlt – haarklein mußte ich berichten von Horn und Becher, und zumal die erstaunliche Frau Stemma machte dem hohen Herrn zu schaffen."

Der Höfling blickte verdrießlich.

„Welch ein Mann!" lobpries Gnadenreich. „Der Inhalt und die Höhe des Jahrhunderts! Wer bewundert ihn genug? Und doch, aber doch – Wulfrin, ich habe von den Höflingen, deren Umgang ich nicht ganz meiden konnte, etwas vernommen, das mich tief betrübt, etwas von einer gewissen Regine... weißt du es?"

„Das ist seine Kebsin", fuhr Wulfrin ehrlich heraus.

„Schlimm, sehr schlimm! Ein Flecken in der Sonne! Kein vollkommenes Beispiel! Und die Karlstöchter?"

„Alle Wetter und Stürme", brauste Wulfrin auf, „wer hat mich zum Hüter der Karlstöchter bestellt?"

„Die Karlstöchter!" rief mitten aus den Herden Palma, die in der Entfernung die schallende Rede Wulfrins verstanden hatte. „Sie heißen: Hiltrud, Rotrud, Rothaid, Gisella, Bertha, Adaltrud und Himiltrud. Gnadenreich hat eine Tabelle davon verfertigt." Die rätischen Mädchen wiederholten die ihnen fremd klingenden Namen und zogen unter jubelndem Gelächter die junge Herrin mit sich fort.

Gnadenreich verlangsamte den Schritt. Traulich suchte er die Hand des Höflings. „Die Ehe ist heilig", sagte er, „und das sollte der Kaiser nicht vergessen, da er so hoch steht. Du hast erraten, Wulfrin, daß ich außer ihr geboren bin. Deshalb habe ich eine große Meinung von ihr und eine wahre Leidenschaft, in der meinigen ein Muster von Tugend zu sein. Ein gutes Mädchen führe nicht schlecht mit mir. Du kennst meine Neigung, an der ich festhalte, wenn mir auch Palma zuweilen Sorge macht. Jetzt sind wir allein – sie scheint heute lenksam – das könnte die Stunde sein – wenn es dein Wille wäre" –

„Sei nur getrost, Gnadenreich", ermutigte Wulfrin, „die Sache ist abgemacht."

Hätte einer der Gewalttätigen, welche auf den rätischen Felsen nisteten, begehrlich nach Palma gegriffen, Wulfrin möchte ihm ins Angesicht getrotzt und das Schwert aus der Scheide gerissen haben, aber Graciosus war zu harmlos, als daß er ihm hätte zürnen können. Und er selbst fühlte sich mit einem Male von einem dunkeln Schrecken getrieben, die Schwester zu vermählen.

„Abgemacht?" fragte Graciosus, „du willst sagen: zwischen dir und der Richterin? Doch wie meinst du – ist Palma nicht am Ende zu wild und groß für mich?"

„Sei nicht blöde und fackle nicht länger! Willst du sie?"

Die Schreitenden hatten eine Hügelwelle überstiegen und erblickten jetzt diejenige wieder, von der sie redeten. Sie hatte sich von den Hirtinnen getrennt und stand vor einem der tiefen und schnellströmenden Bäche, welche die Hochmatten durchschneiden. Neben ihr irrte ein blökendes Lämmchen, das die Herde verloren hatte, und am Uferrand sitzend, löste sich eine kropfige Bettlerin blutige Lumpen von ihrem wunden Fuße und wusch ihn mit dem frischen Wasser. Rasch entledigte sich das Mädchen der Schuhe, stellte dieselben mit einem mitleidigen Blick neben die Kretine, hob das Lamm in die Arme, watete mit ihm durch die Strömung und ließ es seiner Herde nachlaufen.

Da kam über Gnadenreich eine Erleuchtung. „Ich wage es! Ich nehme sie!" rief er aus. „Sie ist gut und barmherzig mit jeglicher Kreatur!"

„So gehe voraus und richte das Brautmahl! Ich werde für dich werben. Das ist doch dein Kastell?" In einiger Entfernung stieg aus einem Bezirke von Hürden und Ställen ein neugebauter Rundturm, über welchem gerade der Föhn einen ungeheuerlichen Wolkendrachen emportrieb. Gnadenreich bog seitwärts, die Brücke suchend, während der Höfling den reißenden Bach in einem Satze übersprang.

Wulfrin erreichte die Schwester. „Du läufst barfuß, Bräutchen?"

„Ich bin kein Bräutchen, und was nützen mir die Schuhe, wenn ich nicht mit dir durch die Welt laufen darf?"

„Du bist nicht die Törin, das im Ernste zu reden, und die Frau auf Pratum darf nicht unbeschuht gehen."

„Gnadenreich hat nicht den Mund gegen mich geöffnet."

„Er wirbt durch den meinigen. Nimm ihn, rat ich dir, wenn du keinen andern liebst."

Sie schüttelte den Kopf. „Nur dich, Wulfrin."

„Das zählt nicht."

Sie hob die klaren Augen zu ihm auf. „Geschieht dir damit ein so großer Gefallen?"

Er nickte.

„So tue ich es dir zuliebe."

„Du bist ein gutes Kind." Er streichelte ihr die Wange. „Ich werde euch schützen, daß euch nichts Feindliches widerfahre, und bei eurem ersten Buben Gevatter stehen."

Sie errötete nicht, sondern die Augen füllten sich mit Tränen. „Nun denn", sagte sie, „aber wir wollen langsam gehen, daß es eine Stunde dauert, bis wir Pratum erreichen." Der Turm stand vor ihnen. Dem Höfling aber wurde es offenbar, jetzt da er die Schwester weggab, daß sie ihm das Liebste auf der Erde sei.

„Hier thronen wir wie die Engel", sagte Graciosus, nachdem er seine Gäste die Wendeltreppe empor durch die Gelasse seines Turmes und auf die Zinne geführt hatte, wo das Mahl bereitet war. Der Tisch trug neben den Broten eine Schüssel Milch mit dem geschnitzten Löffel und einen Krug voll schwarzdunkeln Weines, ein bischöfliches Geschirr, denn es war mit der Mitra und den zwei Krummstäben bezeichnet. Die dreie saßen auf *einer* Bank, das Mädchen in der Mitte. Die ringsum laufende Brüstung reichte so hoch, daß sich kaum darüber wegblicken ließ. Nur der Himmel war sichtbar, und an diesem häuften sich unheimliche schwefelgelbe Wolken.

„Die Milch für mich, für dich der Wein, Wulfrin", sagte Graciosus. „Der verreiste noch glücklich aus dem bischöflichen Keller, ehe ihn die Lombarden leerten. Aber mit wem hält es Fräulein Palma?"

„Mit dir", meinte der Höfling.

Graciosus sprach das Tischgebet. „Nun gleich auch den andern Spruch, frisch heraus, Gnadenreich!" ermunterte Wulfrin.

Da geschah es, daß der Bischofsneffe, so redegewandt er war, sich auf nichts besinnen konnte von alle dem Zärtlichen und Verständigen, was er sich für diesen entscheidenden Augenblick langeher ausgesonnen hatte. Ratlos blickte er in die warmen braunen Augen. Jetzt gedachte er des Lämmchens und der bloßen Füße und kam in eine fromme Stimmung. „Palma novella", bekannte er, „ich liebe dich von ganzem Herzen, von ganzer Seele und von ganzem Gemüte."

Das war hübsch. Das Mädchen wurde gerührt und reichte ihm die Hand. Auch Wulfrin mißfiel diese Werbung nicht. „Nun aber wollen wir ein bißchen lustig sein!" rief er aus. „Das bringe ich euch!" Er hob den Krug und trank. Graciosus schöpfte einen Löffel Milch und bot ihn dem Munde seiner Braut. Es war nicht der einzige auf Pratum, aber Gnadenreich wollte eine sinnbildliche Handlung begehen.

Sie öffnete schon die roten Lippen, da sagte sie: „Heute widersteht mir die Milch. Gib du mir zu trinken, Wulfrin." Er reichte ihr den Krug, und sie schlürfte so hastig, daß er ihr denselben wieder aus den Händen nahm. Darauf schien sie ermüdet, denn sie ließ den Kopf auf die Schulter und allmählich in die Arme sinken und

Die Richterin

nickte ein. Die Föhnluft wurde zum Ersticken heiß. Wulfrin und Graciosus verstummten ebenfalls, und dieser half sich, indem er seine Milch auslöffelte und nach ländlicher Sitte zuletzt die Schüssel mit beiden Händen an den Mund hob. Wulfrin betrachtete den jungen Nacken. Er enthielt sich nicht und berührte ihn mit den Lippen. Sie erwachte.

„Aber wir sitzen auf dem Turm wie die drei Verzauberten", sagte sie. „Geh, Gnadenreich, hole uns das Buch, wo der Bruder abgebildet ist, das aus dem Stifte – weißt du –, welches du bei deinem letzten Besuche der Mutter, der ich über die Schulter blickte, gezeigt hast." Gnadenreich willfahrte ihr, aber sichtlich ungerne.

Palma suchte und fand das Blatt. Über dem lateinischen Texte war mit saubern Strichen und hellen Farben abgebildet, wie ein Behelmter den Arm abwehrend gegen ein Mädchen ausstreckt, das ihn zu verfolgen schien. Mit dem Krieger deuchte er sich nichts gemein zu haben als den Helm, doch je länger er das gemalte Mädchen beschaute, desto mehr begann es mit seinen braunen Augen und goldenen Haaren Palma zu gleichen. Um die Figur aber stand geschrieben: „Byblis."

„Erzähle und deute, Gnadenreich", bat Palma. Graciosus blieb stumm. „Nun, so will *ich* erklären. Das hier ist der Bruder auf Malmort, wie er anfangs war und mich wegstößt."

„Das ist nichts für dich, Palma!" wehrte Graciosus ängstlich, „laß!", und er entzog das Buch ihren Händen.

„Ihr seid beide langweilig!" schmollte sie. „Ich gehe lieber. Drüben am Hange sah ich blühende Rosen in dichten Büschen stehen. Ich will mir einen Kranz winden", und sie entsprang.

Ein blendender Blitz fuhr über Pratum weg und dem Höfling durch die Adern. „Warum hast du ihr das Buch weggenommen?" fragte er gereizt.

„Weil es für Mädchen nicht taugt", rechtfertigte sich Gnadenreich.

„Warum nicht?"

„Die Schwester im Buche liebt den Bruder."

„Natürlich liebt sie ihn. Was ist da zu suchen?"

Graciosus antwortete mit einer Miene des Abscheus: „Sie liebt ihn sündig! sie begehrt ihn."

Wulfrin entfärbte sich und wurde totenbleich. „Schweig, Schurke!" schrie er mit entstellten Zügen, „oder ich schleudere dich über die Mauer!"

„Um Gottes willen", stammelte Graciosus, „was ist dir? Bist du verhext? Wirst du wahnsinnig?" Er war von Wulfrin und dem Buche weggesprungen, in welches dieser mit entsetzten Blicken hineinstarrte. „Ich beschwöre dich, Wulfrin, nimm Vernunft an und laß dir sagen: das hat ein heidnischer Poet ersonnen, leichtfertig und lügnerisch hat er erfunden, was nicht sein darf, was nicht sein kann, was unter Christen und Heiden ein Greuel wäre!"

„Und du liesest so gemeine Bücher und ergötzest dich an dem Bösen, Schuft?"

„Ich lese mit christlichen Augen", verteidigte sich Gnadenreich beleidigt, „zu meiner Warnung und Bewahrung, daß ich den Versucher kenne und nicht unversehens in die Sünde gleite!"

Die Hände des Höflings zitterten und krampften sich über dem Blatte.

„Bei allen Heiligen, Wulfrin, zerstöre das Buch nicht! Es ist das teuerste des Stiftes!"

„Ins Feuer mit ihm!" schrie der Höfling, und weil kein Herd da war als der lodernde des offenen Himmels, riß er das Blatt in Fetzen und warf sie hoch auf in den wirbelnden Sturm.

Es trat eine Stille ein. Graciosus betrachtete stöhnend das verstümmelte Buch, während Wulfrin mit verschlungenen Armen und unheimlichen Augen brütete. So beschlich ihn die zurückkommende

Die Richterin

Palma und setzte ihm den leichten von ihr gewundenen Kranz auf das belastete Haupt.

Er fuhr zusammen, da er das Geflechte spürte, zerrte es sich ab, riß es entzwei und warf es mit einem Fluche dem vom Laufe erhitzten Mädchen zu Füßen.

Da flammten ihr die Augen und sie streckte sich in die Höhe: „Du Abscheulicher! Tust du mir so?" Zornige Tränen drangen ihr hervor. „Nun nehme ich auch den Gnadenreich nicht, dir zuleide!"

„Palma", befahl er, „gleich kehrst du nach Hause! Über die Alp! Wende dich nicht um! Ich gehe durch die Schlucht! Läufst du mir über den Weg, so werfe ich dich in den Strom!"

Sie sah ihn jammervoll an. Seine Todesblässe, das gesträubte Haar, das unglückliche Antlitz erfüllten sie mit Angst und Mitleid. Sie machte eine Bewegung gegen ihn, als wollte sie ihm mit beiden Händen die pochenden Schläfen halten. „Hinweg!" rief er und riß das Schwert aus der Scheide.

Da wandte sie sich. Er blickte über die Brüstung und sah, wie sie in wildem Laufe durch die Alp eilte. Auch er verließ das Kastell und schlug, von dem nahen Tosen des Stromes geführt, den Weg gegen die Schlucht ein, die furchtbarste in Rätien. Gnadenreich gab ihm kein Geleit.

Da er in den Schlund hinabstieg, wo der Strom wütete, und er im Gestrüppe den Pfad suchte, störte sein Fuß oder der ihm vorleuchtende Wetterstrahl häßliches Nachtgevögel auf, und eine pfeifende Fledermaus verwirrte sich in seinem Haare. Er betrat eine Hölle. Über der rasenden Flut drehten und krümmten sich ungeheure Gestalten, die der flammende Himmel auseinanderriß und die sich in der Finsternis wieder umarmten. Da war nichts mehr von den lichten Gesetzen und den schönen Maßen der Erde. Das war eine Welt der Willkür, des Trotzes, der Auflehnung. Gestreckte Arme schleuderten Felsstücke gegen den Himmel. Hier wuchs ein drohendes

Haupt aus der Wand, dort hing ein gewaltiger Leib über dem Abgrund. Mitten im weißen Gischt lag ein Riese, ließ sich den ganzen Sturz und Stoß auf die Brust prallen und brüllte vor Wonne. Wulfrin aber schritt ohne Furcht, denn er fühlte sich wohl unter diesen Gesetzlosen. Auch ihn ergriff die Lust der Empörung, er glitt auf eine wilde Platte, ließ die Füße überhangen in die Tiefe, die nach ihm rief und spritzte, und sang und jauchzte mit dem Abgrund.

Da traf der starre Blick seines zurückgeworfenen Hauptes auf ein Weib in einer Kutte, das am Wege sang. „Nonne, was hast du gefrevelt?" fragte er. Sie erwiderte: „Ich bin die Faustine und habe den Mann vergiftet. Und du, Herr, was ist deine Tat?"

Lachend antwortete er: „Ich begehre die Schwester!"

Da entsetzte sich die Mörderin, schlug ein Kreuz über das andere und lief so geschwind sie konnte. Auch er erstaunte und erschrak vor dem lauten Worte seines Geheimnisses. Es jagte ihn auf, und er floh vor sich selbst. Schweres Rollen erschütterte den Grund, als öffne er sich, ihn zu verschlingen. Von senkrechter Wand herab schlug ein mächtiger Block vor ihm nieder und sprang mit einem zweiten Satz in die aufspritzende Flut.

Der Himmel schwieg eine Weile, und Wulfrin tappte in dunkler Nacht. Da erhellte sich wiederum die Schlucht, und auf einer über den Abgrund gestürzten Tanne sah er die Schwester mit nackten und sichern Füßen gegen sich wandeln, und jetzt lag sie vor ihm und berührte seine Knie.

„Was habe ich dir getan", weinte sie, „warum fliehst, warum verwünschest du mich? Bruder, Bruder, was habe ich an dir gesündigt? Ich kann es nicht finden! Siehe, ich muß dir folgen, es ist stärker als ich! Ich lief drüben, da sah ich den Steg. Töte mich lieber! Ich kann nicht leben, wenn du mich hassest! Tue, wie du gedroht hast!"

Er stieß einen Schrei aus, ergriff, schleuderte sie, sah sie im Gewitterlicht gegen den Felsen fahren, taumeln, tasten und ihre Knie unter ihr weichen. Er neigte sich über die Zusammengesunkene. Sie regte sich nicht, und an der Stirn klebte Blut. Da hob er sie auf mächtigen Armen an seine Brust und schritt, ohne zu wissen wohin, das Liebe umfangend, dem Tale zu.

Er hatte die Klus hinter sich, da sauste es an ihm vorüber, und er erblickte einen Knaben, der ein scheues Roß zu bändigen suchte. „He, Gabriel", rief er ihm nach, „sage der Richterin, sie rüste den Saal und richte das Mahl! Tausend Fackeln entzündet! Malmort strahle! Ich halte Hochzeit mit der Schwester!" Der Sturm verschlang die rasenden Worte. Malmort mit seinen Türmen stand schwarz auf dem noch wetterleuchtenden Nachthimmel.

Mit seiner Last den Burgpfad emporsteigend, sah er oben Lichter hin- und herrennen. Dann begegnete er der geängstigten Mutter, die ihm halben Weges entgegengeeilt war. „Wulfrin", flehte sie mit ausgestreckten Armen, „wo hast du Palma?" „Da nimm sie", sagte er und bot ihr die Leblose.

4.

Da Wulfrin am folgenden Tage erwachte, lag er unter den schwarzschattenden Büscheln einer gewaltigen Arve, während die Matten ringsum schon in der Mittagssonne schimmerten. Er hatte eben noch, den würzigen Waldgeruch einatmend, heiter und glücklich geträumt von dem Wettspiel in einer römischen Arena und im Speerwurf einen Lorbeerkranz davongetragen. Sein Blut floß ruhig, und seine Stirne war hell.

Nachdem er gestern Palma der Mutter in die Arme gelegt, war er ins Dunkel zurückgewichen. Mit irren Füßen, in ruhelosem Laufe, kreuz und quer, hatte er das Gebiet von Malmort durchjagt, bis weit über Mitternacht hinaus, und war dann im Morgengrauen niedergestürzt und in einen bleiernen Schlaf versunken.

Er fand sich auf einer von leichtgeschwungenen Hügeln umgebenen Wiese, fernab von dem Geläute der Herdglocken, in tiefer Einsamkeit. Nur ein Specht hämmerte, und zwei Eichhörner tummelten und neckten sich in der Mitte ihres grünen Bezirkes. Wulfrin rieb sich den Schlummer aus den Augen und schaute umher. Da entdeckte er über dem Hügelrande die Giebel und Turmspitzen von Malmort. Er ließ sich auf dem Hange gleiten, und sie verschwanden.

Allmählich schlich sich das Gestern an ihn heran, er wehrte es ab, er mißtraute ihm, er wollte, er konnte es nicht glauben. War er nicht der Starke und Freie, der Fröhliche und Zuversichtliche, der dem Feinde ins Auge sah und das Irrsal mit dem Schwerte durchschnitt? Was war denn geschehen? Eine rätselhafte Frau hatte ihn übermocht, zu beschwören, was er nicht bezweifelte. Ein Mädchen, das sich in der Langenweile eines Bergschlosses den vollkommensten Bruder ausgesonnen, war ihm zugesprungen und hatte sich närrisch ihm an den Hals gehängt. Ein tückischer Becher ungewohnten Weines oder das freche Bild einer ausschweifenden Fabel oder der heiße Hauch des Föhnes oder was es sonst gewesen sein mochte, hatte ihn betört und verstört. Und was er an den Felsen geschleudert, war nicht die Schwester – wie hätte sie den gähnenden Abgrund überschritten? –, sondern irgendein Blendwerk der Gewitternacht.

„Und war es die Schwester und habe ich sie zerschmettert, so bin ich ihrer ledig", trotzte er, und zugleich ergriff ihn ein unendliches Mitleid und die inbrünstigste Liebe zu dem jungen Leben, das er mißhandelt und vernichtet hatte. Er sah sie mit allen ihren Gebärden, jedes ihrer süßen und unschuldigen Worte nahm Gestalt an, er schaute in ihre seligen Augen und in ihre wehklagenden. Jetzt fühlte er sie, die sich weinend und schmeichelnd mit ihm vereinigte, und wußte, daß sie noch lebte und atmete. „Meine Seele! Blut meiner Adern!" rief er und wieder: „Palma! Palma!"

„– alma!" wiederholte das Echo.

„Palma mein Weib!" Das Echo entsetzte sich und verstummte.

Ein tödlicher Schauer durchrieselte sein Mark. Sich auf die Rechte stützend, hob er sich halb von der Erde und langte mit der Linken nach der blutenden Brust wie auf dem Schlachtfelde. „Es sitzt!" ächzte er. „ich bin der Schrankenlose, der Übertreter, der Verdammte! Ich muß sterben, damit die Schwester lebe! Doch womit habe ich den Himmel beleidigt? wodurch habe ich die Hölle gelockt?" Rasch übersann er sein Leben, er fand darin keinen Makel, nur läßlichen Fehl. „Nun, wen's trifft, den trifft's! Ich habe eben das schlimme Los aus dem Helme gezogen und verwundere mich nicht, kenne ich ja die Grausamkeiten der Walstatt. Es geht vorüber!" Da schien ihm denn doch das Dasein ein Gut, so leicht er es sonst wertete, jetzt da er, ob auch unter grimmigen Schrecken, seinen tiefsten Reiz und seine geheimste Lieblichkeit gekostet hatte. Er hob die starken Hände vor das Angesicht und schluchzte...

Mählich verlängerten sich die Schatten, und es wurde still über der Wiese. Da legte sich ihm eine Hand auf die Schulter. Ohne das Haupt zu wenden, sagte er: „Ich komme", und wollte sich erheben, denn er wußte, es war der Tod, der zu ihm trat, um ihn an den jähesten Abgrund zu führen.

„Bleibe, Wulfrin!" sprach weich die Stimme der Richterin, „ich setze mich zu dir", und Frau Stemma ließ sich neben ihn auf das Moos gleiten in einem weiten langen Gewande, das selbst die Spitzen der Füße verhüllte.

„Berühre mich nicht!" schrie er und warf sich zurück. „Ich bin ein Unseliger!"

„Ich suchte dich lange", sagte sie. „Warum bliebest du ferne? Dir ist bange für Palma? Die wurde nur leicht verwundet, hat aber in tiefer Ohnmacht gelegen. Erwachend hat sie erzählt, wie euch gestern das Gewitter in der Schlucht überraschte, wie sie glitt und die Besinnung verlor. Auf deinen Armen hast du sie getragen."

Wulfrin blieb stumm.

„Oder redete sie unwahr, und du warfest sie an den Felsen, um sie zu zerschmettern?"

Er nickte.

Sie schwieg eine Weile, dann hob sie die Hand und berührte wiederum seine Schulter. „Wulfrin, du hassest deine Schwester oder – du liebst sie!" Sie fühlte, wie der Höfling vom Wirbel zur Zehe zitterte.

„Es ist entsetzlich", stöhnte er.

„Es ist entsetzlich", sagte sie, „aber unerklärlich ist es nicht. Ihr seid ferne voneinander erwachsen, wurdet eurer Angesichter und Gestalten nicht gewöhnt, und so waret ihr euch frisch und neu, da ihr euch fandet, wie ein fremder Mann und ein fremdes Weib. Mutig! Rufe und rufe es deinen Gedanken und Sinnen zu. Palma und

Wulfrin sind eines Blutes! Sie werden schaudern und erkalten und nicht länger die himmlische Flamme der Geschwisterliebe verwechseln mit dem schöpferischen Feuer der Erde."

Er antwortete nicht, kaum daß er ihre Worte gehört hatte, sondern murmelte zärtlich: „Warum hast du sie Palma novella getauft? Das ist ein gar seltsamer und schöner Name!"

Stemma erwiderte: „Ich habe sie die junge Palme genannt, weil sie aus dem Schutte des Grabes frisch und freudig aufsprießt, und, bei meinem Leben! wer an dem schlanken Stamme frevelt, den richte und töte ich! Noch ist Palma unschuldig. Deine rasende Flamme hat ihr nicht ein Härchen der Wimper, nicht den äußersten Saum des Kleides versengt. Unglücklicher, wie ist ein solches Leiden über dich gekommen?"

„Wie eine Seuche, die aus dem Boden dampft! Aber mein Schutzengel warnte mich vor Malmort. Da du mich riefest, verschloß ich das Ohr. Ich bog ab und fiel in die Hände der Lombarden. Warum hast du den Pfeil des Witigis gehemmt?" Er starrte vor sich nieder. Dann schrie er verzweifelnd auf und ergriff und preßte den Arm der Richterin, die finstern Augen fest auf das ruhige Antlitz heftend: „Bei dem Haupte Gottes –"

„Bei dem Haupte Palmas", sagte sie.

„Ist sie meine Schwester?"

„Wie sonst? Ich weiß es nicht anders. Was denkst du dir?"

„Dann ist mein Haupt verwirkt und jeder meiner Atemzüge eine Sünde!" Er sprang auf, während sie ihn mit nervigen Armen umschlang, so daß er sie mit sich emporzog.

„Wohin, Wulfrin? In eine Tiefe? Nein, du darfst diesen starken Leib und dieses tapfere Herz nicht zerstören! Nimm dein Roß und reite! Reite zu deinem Kaiser! Mische dich unter deine Waffenbrüder! Ein paar Tagritte, und du bist gesundet und blickst so frei wie die andern!"

„Das geht nicht", sagte er jammervoll. „Wir leiden nicht den geringsten Makel in unserer Schar, und ich sollte verräterisch die Schande unter uns verstecken?"

„So stachle dein Roß, reite Tag und Nacht, über Berg und Fläche, springe in ein Schiff, bringe ein Meer und ein zweites zwischen sie und dich, und wenn dich Delphin und Nixe umgaukelt, tauchen vor dir aus der Bläue Inseln und Vorgebirge, verwegenes Abenteuer und die Schönheit als Beute!"

„Was hülfe es?" sagte er. „Sie zöge mit mir, die Nixe trüge ihr Angesicht, und ich umarmte sie in jedem Weibe! Denn ich bin mit ihr vermählt ewiglich. Nein, ich kann nicht leben!"

„Das ist Feigheit!" sprach sie leise.

Der Schimpf trieb ihm wie ein Schlag das Blut ins Angesicht. Er bäumte sich auf. „Du hast recht, Frau!" schrie er. „Ich darf nicht als ein Feigling umkommen, du selbst sollst mich richten und verurteilen. Am lichten Tag, unter allem Volke, will ich den Greuel bekennen und die Sühne leisten!" So rief er in zorniger Empörung, dann aber besänftigte sich sein Angesicht, denn er hatte die Lösung gefunden, die ihm ziemte.

„Unsinn!" sagte sie. „Solche verborgene Dinge bekennt man nicht dem Tage, denn du bist ein Verbrecher nur in deinen Gedanken. Die Tat aber und nur die Tat ist richtbar."

„Frau, das wird sich offenbaren! Vernimm, was ich tue. Ich wandere zu dem Kaiser und spreche zu ihm: Siehe, Wulfrin der Höfling begehrt das eigene Blut, das Kind seines Vaters! Es ist so, er kann nicht anders. Schaffe den Sünder aus der Welt! Und spricht der Kaiser: Die Tat ist nicht vollbracht, so antwortet Wulfrin: Ich vollbringe sie mit jedem Atemzuge!"

„Auf sündiger Geschwisterliebe", drohte Frau Stemma, „steht das Feuer."

Wulfrin lachte.

„Und du willst vor dem ganzen Volke dastehen in deiner Blöße?"

„Ich will dastehen" sagte er, „als der, welcher ich bin."

„So mangelt dir der Verstand und die Kraft, das Geheimnis der Sünde zu tragen?"

„Das ist Weibes Art und Weibes Lust", sagte er verächtlich.

„Und du wirst mit dem Kaiser kommen, und ich soll dich richten?"

„Du!"

„Das werde ich!" sagte sie und entfernte sich langsam.

Jetzt da Wulfrin sein Schicksal entschieden und vollendet glaubte, kam die Ruhe des Abends über ihn. Er blieb unter seiner Arve, bis die Sonne niederging und der Tag ihr folgte. Und wie sie mit gebrochenen Speeren sich legte und ihr Blut am Himmel verströmte, erlosch er mit ihr und sah sich die Schwester, wie das Spätlicht, im grünen Gewande und auf stillen Sohlen nachschreiten. Das aufgegebene Schwert reute ihn nicht. „Sie werden drüben einen Krieger brauchen", sagte er sich und wandelte schon unter den seligen Helden.

Wie es Nacht war und der Mond leuchtete, ging er sachte bergab, denn er gedachte ein Seitental zu gewinnen und seinen Kaiser zu erreichen, ohne daß er Malmort und die Stapfen der Schwester berühre. Beide wollte er nur am Gerichtstage wiedersehen. Er gelangte an den Strom, der hier ohne Gewalt und Sturz Klippen und Felsen breit überflutete. Das Mondlicht verlockte ihn, sich auf ein Felsstück zu lagern und wunsch- und schmerzlos mit den Wellen dahinzufließen. Er wurde sich selbst zum Traume.

Da sah er Elb oder Elbin tauchen. Es schwamm weiß im Strome, ein Nacken schimmerte, und jetzt hob der blanke Arm ein Hifthorn in die Höhe, das der Mond versilberte. Er erkannte sein entwendetes Erbteil und trat ohne Hast und Erstaunen dem freundlichen Wunder nahe.

Die Richterin

„Herr Wulfrin", jubelte eine Knabenstimme, „freue dich! Glück über dir! Ich halte dein Horn!", und Gabriel, der sein Hirtenhemde wieder umgeworfen hatte, sprang zu ihm empor.

„Schon heute mittag", erzählte er, „sah ich es beim Fischen auf dem Grunde. Ich kannte es gleich, doch war ich nicht allein und mußte die Nacht erwarten. Hat es schon lange gelegen?" Er schüttelte das Horn und ließ das Wasser sorgfältig aus der Bauchung abtropfen. „Wenn es nur nicht verdorben ist!" Er hob es an den Mund und stieß darein, daß die Berge widerhallten. „Hier, Herr!" sagte er. „Wahrhaftig, es hat ihm nichts getan. Ein wackeres Schlachthorn!"

Wulfrin ergriff es und hing es sich um. Als er sich aber einen Goldring – irgendein Beutestück – von der Hand ziehen wollte, um den Knaben abzulohnen, wehrte Gabriel. „Nein, Herr, lege lieber ein Wort für mich ein, daß mich der Kaiser mitreiten läßt! Doch jetzt muß ich heim! Ich habe noch in den Ställen zu tun. Kommst du mit? Ich weiß Stapfen an dem Felsen empor, und wir gelangen durch ein Hinterpförtchen noch einmal so rasch in den Hof als auf dem Burgwege."

Und Wulfrin folgte. Die Handlichkeit und Herzlichkeit des Buben hatte seine Sinne und Geister erwärmt. Der Wiedergewinn seines Erbes weckte das Bild des Vaters und die kindliche Gesinnung auf. Und obwohl aus dem Elben ein Menschenknabe geworden war, zitterte doch über dem Strom ein Schimmer von Geisterhilfe. „Am Ende ist es der Vater", sagte er sich, „und er wird mir beistehen, wenn er kann. Wenn er noch irgend da ist, läßt er mich nicht elend umkommen. Ich will ihn rufen. Vielleicht antwortet er. Es ist ein Glaube, daß der Tote aus dem Grabmal mit seinen Kindern redet. Ich wage es! Ich blase ihn wach! Dann frage ich nichts als: Vater, ist Palma dein Kind? Redet er nicht, so nickt er wohl oder schüttelt das Haupt." Obschon der Höfling an Stemma nicht zweifelte, deren Wesen über ihn Gewalt hatte, focht ihn doch der Widerspruch zwischen dem Glauben an die Lebendige und der Frage an den Toten wenig an. Er fühlte einfach, daß er den Vater – wenn dieser zu erreichen sei – befragen und beraten müsse, ehe er sich anklage und sich richten lasse. Aber seine Ruhe war weg, sein Geist gespannt, und er hörte kein Wort von dem, was der Knabe unterweges plauderte.

Ebenso unruhig schritt Stemma hinter dem erhellten Fenster, das der Emporklimmende über dem Burgfelsen aufsteigen sah. Aus der Ferne und Tiefe war ein Ton zu ihr hergedrungen, den sie haßte und den sie vernichtet zu haben glaubte. Während ihr Kind auf dem Lager schlummerte, ging sie rastlos auf und nieder. Sie vergegenwärtigte sich Wulfrin, wie er vor Kaiser und Volk eines seltenen, ja unglaublichen Frevels sich beschuldigte, und ihr wurde bange, daß sie und wie sie über ihn richten werde.

War es denkbar, daß sich die Natur so verirrte? daß ein so lauterer Mensch in eine solche Sünde verfiel? War es nicht wahrscheinlicher, daß hier Irrtum oder Lüge Bruder und Schwester gemacht hatte? So hätte die Richterin ohne Zweifel geforscht und untersucht, wäre sie nicht Stemma und Palma nicht ihr Kind gewesen. Aber sie durfte nicht untersuchen, denn sie hätte etwas Vergrabenes aufgedeckt, eine zerstörte Tatsache hergestellt, ein Glied wieder einsetzen müssen, das sie selbst aus der Kette des Geschehenen gerissen hatte.

Jetzt begann es mit einem Male vor ihr aufzutauchen, die Sünde des Unschuldigen sei das gegen sie selbst heranschreitende Verhängnis. „Gilt es mir? Wird ein Plan gegen mich geschmiedet? Ist eine Verschwörung im Werke?" rief sie ins Dunkel hinein.

Da hatte sie ein Gesicht. Sie erblickte mit den Augen des Geistes durch die dämmernde Wand, weit in der Ferne und doch ganz nahe, ein gewaltiges Weib von furchtbarer Schönheit. Diese saß in langen, blauen Gewanden, eine Tafel auf das übergelegte Knie gestützt, einen Griffel in der Hand, schreibend oder zählend, irgendeine Lösung suchend. Nach einigem Sinnen ging ein stilles langsames Lächeln über den strengen Mund und schien zu sagen: So ist es gut und siehe, es ist so einfach!

Da glaubte die Richterin eine Feindin sich gegenüber zu sehen und trotzte ihr, Weib gegen Weib. „Das bringst du nicht heraus! Du findest keine Zeugen!" Die Fremde aber hob die Tafel mit beiden Händen empor über die sonnenhellen Augen und verschwand. „Du hast keine Zeugen!" rief ihr die Richterin nach. Ihr antwortete ein erschütternder Ruf, der aus allen Wänden, aus allen Mauern drang, als werde die Posaune geblasen über Malmort.

Stemma erbebte. Sie sprang an das Lager ihres Kindes, um es fest in den Armen zu halten, wenn Malmort unterginge. Palma war nicht erwacht, sie schlief ruhig fort. Die Richterin besann sich. Hatte der grauenhafte Ton in Tat und Wahrheit diese Luft, diese Räume, diese Mauern erschüttert? Müßte Palma nicht aus dem tiefsten Schlummer aufgefahren sein? Es war unmöglich, daß der gewaltige Ruf sie nicht geweckt hätte. Frau Stemma war nicht unerfahren in solchen unheimlichen Dingen: sie kannte die Schrecken der Einbildung und die Sprache der überreizten Sinne. Sie hatte es erfahren an den Schuldigen, die sie richtete, und an sich selbst. „Das Ohr hat mir geklungen", sagte sie, die noch am ganzen Leibe zitterte.

Hätte sie durch Dielen und Mauern blicken können, so sah sie den bleichen Wulfrin, der an der Gruft des Vaters kniete, ins Horn stieß, ihn rührend beschwor, ihm herzlich zusprach, Rede zu stehen. Sie hätte gesehen, wie Wulfrin, da der Stein schwieg, das Horn zum andern Male an den Mund setzte und endlich verzweifelnd über die Mauer sprang.

Wieder schütterte Malmort in seinen Tiefen, stärker noch als das erstemal. Da war kein Zweifel mehr, es war das Wulfenhorn, das sie mitten in Gischt und Sturz geschleudert und in unzugängliche

Tiefen hatte versinken sehen. Sie sann an dem ängstlichen Rätsel und konnte es nicht lösen. Sie sann, bis ihr die Stirnader schwoll und das Haupt stürmte.

Da fiel ihr zur bösen Stunde der Comes ein, wie er murmelnd im Schilfe sitze und mit dem schweren Kopfe unablässig daran herumarbeite, ob Frau Stemma ihm ein Leides getan. „Er besucht sein Grabmal und stößt in sein Horn! Er stört die Nacht! Er verwirrt Malmort! Er schreckt das Land auf! Das leide ich nicht! Ich verbiete es ihm! Ich bringe den Empörer zum Schweigen!" Und der Wahn gewann Macht über diese Stirn.

Ohne sich nach Palma umzusehen, stürzte sie zornig die Wendeltreppe hinab und betrat den Hof, wo der Comes und ihr eigenes Bild auf der Gruft lagen. Darüber webte ein ungewisser Dämmer, da eine leichte Wolke den Mond verschleierte. Der Comes ließ sein Horn zurückgleiten, und die steinerne Stemma hob die Hände, als flehe sie: Hüte das Geheimnis!

Aufgebracht stand die Richterin vor dem Ruhestörer. „Arglistiger", schalt sie, „was peinigst du mein Ohr und bringst mein Reich in Aufruhr? Ich weiß, worüber du brütest, und ich will dir Rede stehen! Keine Maid hat dir der Judex gegeben! Ich trug das Kind eines andern! Du durftest mich nie berühren, Trunkenbold, und am siebenten Tage begrub dich Malmort! Siehst du dieses Gift?" Sie hob das Fläschchen aus dem Busen. „Warum ich leben blieb, die dir den Tod kredenzte? Dummkopf, mich schützte ein Gegengift! Jetzt weißt du es! Palma novella unter meinem Herzen hat dich umgebracht! Und jetzt quäle mich nicht mehr!"

So grelle und freche Worte redete die Richterin.

Durch ihr lautes Schelten zu sich selbst gebracht, betrachtete sie wieder den Comes, der jetzt im klarsten Mondenlichte lag. Die furchtbare Geschichte kümmerte ihn nicht, er lag regungslos mit gestreckten Füßen. Jetzt sah sie, daß sie zum Steine gesprochen, und schlug eine Lache auf. „Heute bin ich eine Närrin!" sagte sie. „Ich will zu Bette gehen."

Sie wandte sich. Palma novella stand hinter ihr, weiß, mit entgeisterten Augen, das Antlitz entstellt, starr vor Entsetzen. Der zweite Hornstoß hatte sie geweckt, und sie war der Mutter auf besorgten Zehen nachgeschlichen.

Zwei Gespenster standen sich gegenüber. Dann packte Stemma den Arm des Mädchens und schleppte es in die Burg zurück. Sie selbst hatte ihrem Geheimnisse einen Mund und einen Zeugen gegeben, und dieser Zeuge war ihr Kind.

5.

Seit der Höfling aus Malmort verschwunden war, lastete auf den schweren Mauern Schweigen und Kümmernis. Das Gesinde munkelte allerlei, und Knechte und Dirnen steckten die Köpfe zusammen. Die junge Herrin sei krank. Es sei ihr angetan worden. Irgendein Zauber – ob sie einer Drude begegnet oder ein giftiges Kraut verschluckt oder aus einem schädlichen Quell getrunken – habe die Ärmste der Vernunft beraubt. Ihr mangle der Schlummer, sie weine unablässig und lasse sich weder trösten noch auch nur berühren. Ihr widerstehe Speise und Trank und sie schwinde zum Gerippe. Die Laute und Wilde sei gar still und zahm und ihr Lebensfaden zum Reißen dünn geworden. Die bekümmerte Richterin folge ihr auf Schritt und Tritt und dürfe sie nicht aus den Augen lassen.

Zwei Mägde standen am Brunnen zusammen und flüsterten. Benedicta war der jungen Herrin unversehens im Flur begegnet und wollte ihr gebührlich die Hand küssen. Palma sei angstvoll zurückgewichen und habe aufgeschrien: „Rühre mich nicht an!" Veronica hatte durch das Schlüsselloch gespäht und was erblickt? etwas ganz Unglaubliches: die stolze Frau Stemma vor ihrem Kinde niedergeworfen, ihm liebkosend die Knie umfangend und um die Gnade flehend, daß es den Mund öffne und einen Bissen berühre.

Die Mägde verstummten, hoben sich die Krüge zu Haupte und drückten sich, eine hinter der andern, während langsam die Richterin mit Palma aus der Pforte trat und die Stufen herunterschritt. Frau Stemma stützte das Mädchen, das, elend und zerstört, sich selbst nicht mehr gleichsah. Palma ging mit gebeugtem Rücken und unsichern Knien. Groß, doch ohne Strahl und Wärme, traten die Augen aus dem vermagerten Antlitz. „Komm, Kindchen", sagte Frau Stemma, „du mußt Luft schöpfen", und sie öffnete ein

Gatter, das auf eine zirpende und summende Wiese führte, die einen weiten leicht geneigten Vorsprung der Burghöhe bekleidete und über die Grenzlinie der unsichtbaren Tiefe hinweg in eine lichte Ferne verlief.

Sie setzten sich auf eine Bank, und Frau Stemma betrachtete ihr Kind. Da ergrimmte sie und weinte zugleich in ihrem Herzen über die Verwüstung des einzigen, was sie liebte. Aber sie blieb aufrecht und gürtete sich mit ihrer letzten Kraft. „Wie", sagte sie sich, „Mir gelänge es nicht, dieses Gehirnchen zu betören, dieses Herzchen zu überwältigen?"

„Mein Kind", begann sie, „hier sind wir allein. Laß uns noch einmal recht klar und klug miteinander reden" –

„Wenn du willst, Mutter."

– „miteinander reden von dem Wahne jener Nacht. Ich wachte, du schliefest. Da lärmt es im Hofe. Ich gehe hinunter, es war nichts, und ich lache über meinen leeren Schrecken. Ich wende mich. Du stehst vor mir nachtwandelnd, mit offenen stieren Augen. Ich ergreife dich und führe dich in das Haus zurück. Und du erwachst aus dem abscheulichen Traume, der dich jetzt peinigt und zugrunde richtet."

„Ja und nein, Mutter. Mich weckte ein Ruf, ich sehe dich hinauseilen und folge dir auf dem Fuße. Du standest im Hofe vor den Steinbildern und schaltest den Vater und erzähltest ihm" – sie hielt schaudernd inne.

„Was erzählte ich?" fragte die Richterin.

„Du sagtest" – Palma redete ganz leise – „daß ich nicht sein Kind bin. Du sagtest, daß ich schon unter deinem Herzen lag. Du sagtest, daß du und ich ihn getötet haben."

„Liebe Törin", lächelte Frau Stemma, „nimm all dein Denken zusammen und verliere keines meiner Worte. *Ich* hätte mit einem Steine geredet? als eine Abergläubische? oder eine Närrin? Kennst du mich so? Und du wärest nicht das Kind des Comes? Mit wem war ich denn sonst vermählt? Habe ich dir nicht erzählt, daß ich eine Gefangene war auf Malmort, bis mich der Comes freite? Und ich hätte den Gatten getötet? Ich, die Richterin und die Ärztin des Landes, hätte Gifte gemischt? Kannst du das glauben? Hältst du das für möglich?"

„Nein, Mutter, nein! Und doch, du hast es gesagt!"

„Palma, Palma, mißhandle mich nicht! Sonst müßte ich dich hassen!"

Palma brach in trostlose Tränen aus und warf sich gegen die Brust der Mutter, die das schluchzende Haupt an sich preßte. „Du bringst mich um mit deinem Weinen", sagte sie. „Glaube mir doch, Närrchen!"

Palma hob das Angesicht und blickte um sich. „Weidet hier am Rande ein Zicklein, Mutter?"

„Ja, Palma."

„Läutet dort Maria in valle?" Sie wies ein im Tale schimmerndes Kloster.

„Ja, Palma."

„Ebenso wahr, als ich jetzt nicht träume und das Zicklein weidet und das Kirchlein läutet, ebensowenig habe ich geträumt, daß du vor Wulfrins Vater gestanden und ihn angeredet hast. Es war so, es ist so. Du sprächest immer die Wahrheit, Mutter."

„Ich sage dir, Palma, es ist ein Traum. Und ich will, daß es ein Traum sei."

Palma erwiderte sanft: „Belüge mich nicht, Mutter! Habe ich doch vorhin, da du mich an dich preßtest, den scharfen Kristall empfunden, welchen du aus dem Busen gezogen und dem Comes gezeigt hast."

Die Richterin schnellte empor mit einem feindseligen Blicke gegen ihr Kind, glitt aber langsam auf die Bank zurück, und nachdem sie eine Weile in den Boden gestarrt, sagte sie: „Wäre es so und hätte ich so getan, so wäre es deinetwegen."

„Ich weiß", sagte Palma traurig.

„Habe ich es getan", wiederholte Stemma, „so tat ich es dir zuliebe. Ich tötete, damit mein Kind rein blieb."

Palma zitterte.

„Warum hast du dich in mein Geheimnis gedrängt, Unselige?" flüsterte Stemma ingrimmig. „Ich hütete es. Ich verschonte dich. Du hast es mir geraubt! Nun ist es auch das deinige, und du mußt es mir tragen helfen! Lerne heucheln, Kind, es ist nicht so schwer, wie du glaubst! Aber wo sind deine Gedanken? Du bist abwesend! Wohin träumst du?"

„Was ist aus Wulfrin geworden?" fragte sie leise, und eine schwache Röte glomm und verschwand auf den gehöhlten Wangen.

„Ich weiß nicht", sagte die Richterin.

„Jetzt verstehe ich, daß er mich verabscheut", jammerte Palma. „O ich Elende! Er stößt mich von sich, weil er Mord an mir wittert. Mir graut vor meinem Leibe! Läge ich zerschmettert!"

„Ängstige dich nicht! Wulfrin hat keinen Argwohn. Er ist gläubig und er traut."

„Er traut!" schrie Palma empört. „Dann eile ich zu ihm und sage ihm alles wie es ist! Ich laufe, bis ich ihn finde!" Sie wollte aufspringen, die Mutter mußte sie nicht zurückhalten, erschöpft und entkräftet sank sie ihr in den Schoß.

„Ich verrate dich, Mutter!"

„Das tust du nicht", sagte Stemma ruhig. „Mein Kind wird nicht als Zeugin gegen mich stehen."

„Nein, Mutter."

Die Richterin streichelte Palma. Diese ließ es geschehen. Darauf sagte sie wieder: „Mutter, weißt du was? Wir wollen die Wahrheit bekennen!"

Frau Stemma brütete mit finstern Blicken. Dann sprach sie: „Foltere mich nicht! Auch wenn ich wollte, dürfte ich nicht. Dieser wegen!", und sie deutete auf ihr Gebiet. „Würde laut und offenbar, daß hier während langer Jahre Sünde Sünde gerichtet hat, irre würden tausend Gewissen und untergienge der Glaube an die Gerechtigkeit! Palma! Du mußt schweigen!"

„So will ich schweigen!"

„Du bist meine tapfere Palma!" und die Richterin schloß ihr den Mund mit einem Kusse. „Aber Kind, Kind, wie wird dir?" Palmas Augen waren brechend, und das Herz klopfte kaum unter der tastenden Hand der Mutter. Diese bettete die Halbentseelte und eilte verzweifelnd in die Burg zurück.

Sie kam wieder mit einer Schale Wein und einem Stücklein Brot. Sie kniete sich nieder, brach und tunkte den Bissen und bot ihn der Entkräfteten. Diese wandte sich ab.

Da bat und flehte die Richterin: „Nimm, Kind, deiner Mutter zuliebe!" Jetzt wollte Palma gehorchen und öffnete den entfärbten Mund, doch er versagte den Dienst.

Stemma sah eine Sterbende. Da starb auch sie. Ihr Herz stand stille. Ein Todeskrampf verzog ihr das Antlitz. Eine Weile kniete sie starr und steinern. Dann verklärte sich das Angesicht der Richterin, und ein Schauer der Reinheit badete sie vom Haupt zur Sohle.

„Palma", sagte sie zärtlich, und dieser warme Klang, hob die Lider des Kindes, „Palma, was meinst du? Ich lade den Kaiser ein nach Malmort. Wir treten vor ihn Hand in Hand, wir bekennen und er richtet." Da freuten sich die Augen Palmas, und ihre Pulse schlugen.

„Nimm den Bissen", sagte die Richterin und speiste und tränkte ihr Kind.

Sie führte die Neubelebte in den Hof zurück. In der Mitte desselben stand Rudio, noch keuchend vom Ritte. „Heil und Ruhm dir, Herrin!" frohlockte er. „Ich melde den Kaiser! Der Höchste sucht dich heim! Er naht! Er zieht mächtig heran und mit ihm ganz Rätien!"

„Dafür sei er gepriesen!" antwortete die Richterin. „Komm, Kind, wir wollen uns schmücken!"

Da Kaiser Karl mit allem Volke den Burgweg erstiegen hatte, hieß er Gesinde und Gefolge vor dem Tore zurückbleiben und betrat allein den Hof von Malmort. Stemma und Palma standen in weißen Gewändern. Die Richterin schritt dem Herrscher entgegen und bog das Knie. Palma hinter ihr tat desgleichen. Karl hob die Richterin von der Erde und sagte: „Du bist die Frau von Malmort. Ich habe deine Botschaft empfangen und bin da, Ordnung zu schaffen, wie du gefordert hast. Hier ist Freiheit in Frevel und Kraft in Willkür entartet. Ich will diesem Gebirge einen Grafen setzen. Weißt du mir den Mann?"

„Ich weiß ihn", antwortete die Richterin. „Es ist Wulfrin, Sohn Wulfs, dein Höfling, ein treuer und tapferer Mann, zwar noch leichtgläubig und unerfahren, doch die Jahre reifen."

„Ich führe ihn mit mir", sprach der Kaiser, „aber als einen, der sich selbst anklagt und dein Gericht begehrt, sich so großen Frevels anklagt, daß ich nicht daran glauben mag. Frau, heute ist mir unter diesem leuchtenden Berghimmel ein Zeichen begegnet. Vor deiner Burg hat mein Roß an einer Toten gescheut, die mitten im Wege lag. Ich ließ sie aufheben. Es ist deine Eigene. Sie harrt vor der Schwelle."

Er dämpfte die Stimme: „Frau, was verbirgt Malmort? Wärest du eine andere, als die du scheinest, und stündest du über einem begrabenen Frevel, so wäre deine Waage falsch und dein Gericht eine

Die Richterin

Ungerechtigkeit. Lange Jahre hast du hier rühmlich gewaltet. Gib dich in meine Hände. Mein ist die Gnade. Oder getraust du dich, Wulfrin zu richten?"

„Herr", antwortete sie, „ich werde ihn und mich richten unter deinen Augen nach der Gerechtigkeit." Karl betrachtete sie erstaunt. Sie leuchtete von Wahrheit. „So walte deines Amtes", sagte er.

Dann ging er auf das kniende Mädchen zu. „Palma novella!" sagte er und hob sie zu sich empor. Sie blickte ihn an mit flehenden und vertrauenden Augen, und sein Herz wurde gerührt.

„Rudio", gebot die Richterin, „bringe Faustinen her!" Der Kastellan gehorchte und trug die Bürde herbei, die er an den Grabstein lehnte. „Jetzt tue auf das Tor und öffne es weit! Alles Volk trete ein und sehe und höre!"

Da wälzte sich der Strom durch die Pforte und füllte den Raum. Die Höflinge scharten sich um den Kaiser, Alcuin und Graciosus unter ihnen, während die Menge Kopf an Kopf stand und selbst Tor und Mauer erklomm, ein dichter und schweigender Kreis, in dessen Mitte die Gestalt des Kaisers ragte, in langem, blauem Mantel, mit strahlenden Augen. Neben ihm Stemma und ihr Kind. Vor den dreien stand Wulfrin und sprach, den Blick fest und ungeteilt auf Stemma geheftet: „Jetzt richte mich!"

„Gedulde dich!" sagte sie. „Erst rede ich von dieser", und sie wies auf die entseelte Faustine, die mit gebrochenen Augen und hängenden Armen an der Gruft saß.

„Räter", sprach sie, und es wurde die tiefste Stille, „ihr kennet jene dort! Sie hat unter euch gewandelt als eine Rechtschaffene, wofür ihr sie hieltet. Nun ist ihr Mund verschlossen, sonst riefe er: Ihr irret euch in mir! Ich bin eine Sünderin. Ich, die das Kind eines andern im Schoße barg, habe den Mann gemordet" – „Frau", schrie Wulfrin ungeduldig, „was bedeutet die Magd! Mich laß reden, meinen Frevel richte, damit ein Ende werde!"

„Nun denn! Aber zuerst, Wulfrin – nicht wahr, wenn diese hier" – sie zeigte Palma – „nicht das Kind deines Vaters, nicht deine Schwester, sondern eine andere und Fremde wäre, dein Frevel zerfiele in sich selbst?"

„Frau, Frau!" stammelte er.

„Kaiser und Räter", rief Stemma mit gewaltiger Stimme, „ich habe getan wie Faustine. Auch ich war das Weib eines Toten! Auch ich habe den Gatten ermordet! Die Herrin ist wie die Eigene. Hört! Nicht ein Tropfen Blutes ist diesen zweien gemeinsam!" Sie streckte den Arm scheidend zwischen Wulfrin und Palma. „Hört! hört! Kein Tropfen gleichen Blutes fließt in diesem Mann und in diesem Weibe! Zweifelt ihr? Ich stelle euch einen Zeugen. Palma novella, das Kind Stemmas und Peregrins des Klerikers, hat das Geheimnis meiner Tat belauscht. Sie glaubt daran und stirbt darauf, daß ich wahr rede. Gib Zeugnis, Palma!"

Aller Augen richteten sich auf das Mädchen, das mit gesenktem Haupte dastand. Palma bewegte die Lippen.

„Lauter!" befahl die Richterin.

Jetzt sprach Palma hörbar den Vers der Messe: „Concepit in iniquitatibus me mater mea..."

Da glaubte das Volk und entsetzte sich und stürzte auf die Knie und murmelte: „Miserere mei!" Wulfrin streckte die Arme und rief gen Himmel: „Ich danke dir, daß ich nicht gefrevelt habe!" Karl aber trat zu Palma und hüllte sie in seinen Mantel.

„Nun richte *du*, Kaiser!" sprach Stemma.

„Richte dich selbst!" antwortete Karl.

„Nicht ich", sagte sie, wendete sich zu dem Volke und rief: „Gottesurteil! Wollt ihr Gottesurteil?"

Es redete, es rief, es dröhnte: „Gottesurteil!"

Da sprach die Richterin feierlich: „Erstorbenes Gift, erstorbene Tat! Lebendige Tat, lebendiges Gift!" und hatte den Kristall aus dem Busen gehoben und geleert.

Eine Weile stand sie, dann tat sie einen Schritt und einen zweiten wankenden gegen Wulfrin. „Sei stark!" seufzte sie und brach zusammen. Rudio neigte sich über die Tote, hob sie auf seine Arme und trug sie zu Faustinen. Dort saß sie am Grabe, die Hörige aber neigte sich und legte das Antlitz in den Schoß der Herrin.

Jetzt enthüllte der Kaiser das Mädchen, das einen jammervollen Blick nach der Mutter warf, faltete die Hände und gebot. „Oremus pro magna peccatrice!" Alles Volk betete.

Dann sagte er mit milder Stimme: „Was wird aus diesem Kinde? Ich ziehe nicht, bis ich es weiß. Wie rätst du, Alcuin?"

„Sie tue die Gelübde!" rief der Abt.

„Ehe sie gelebt hat?" schrie Wulfrin angstvoll.

„Dann weiß ich ein anderes. Graciosus" – der Abt hielt ihn an der Hand – „dieser hier, ein frommer Jüngling, hat ein Wohlgefallen an der Ärmsten" –

„Herr Abt", unterbrach ihn der aufgeregte Gnadenreich, „das geht über Menschenkraft. Mir graut vor dem Kinde der Mörderin. Alle guten Geister loben Gott den Herrn!"

Wulfrin sprang in die Mitte. „Kaiser und ihr alle", rief er, „*mein* ist Palma novella!"

Da redete Karl: „Sohn Wulfs, du freiest das Kind seiner Mörderin? Überwindest du die Dämonen?"

„Ich ersticke sie in meinen Armen! Hilf, Kaiser, daß ich sie überwältige!"

Karl hieß das Mädchen knien und legte ihr die Hände auf das Haupt. „Waise! Ich bin dir an Vaters Statt! Begrabe, die deine Mutter war! Dieser folge mir ins Feld! Gott entscheide! Kehrt er zurück und stößt er ins Horn, so freue dich, Palma novella, fülle den Becher und vollende den Spruch! Dann entzündet Rudio die Brautfackel und schleudert sie in das Gebälke von Malmort!"

KOMMENTARE

KOMMENTAR I

Thomas Sprecher

Zeitloses Recht und zeitgenössische Moral? Betrachtungen aus juristischer Sicht zur Novelle „Die Richterin"

Conrad Ferdinand Meyer war kein Dichterjurist, und er hat, soweit bekannt, für seine Erzählung „Die Richterin" auch keine rechtsgeschichtlichen Studien betrieben. In Reichweite war der Jurist und Rechtshistoriker Friedrich von Wyss (1818–1907), der Ehemann einer Cousine Meyers. Dafür, dass dieser sein Wissen in Anspruch genommen hätte, liegen aber keine Hinweise vor, und der spröde von Wyss hat sich später kritisch über die Novelle geäussert. Allerdings bedurfte sie auch keines vertieften juristischen Wissens; es geht ihr nicht um rechtshistorische Präzision.

Verhandelt werden zwei strafrechtlich relevante Taten, die auf intrikate Weise zusammenhängen: Giftmord und das „furchtbar schwere Thema" des Inzests[1]. Meyer inszeniert dies als Krimi. Genre-gemäss wird die schon geschehene Tat als Rätsel behandelt und schrittweise aufgeklärt: Der sich selbst der Blutschande beschuldigt, hat den Tatbestand nicht verwirklicht. Dafür taucht mit Giftmord ein neues Delikt auf, und mit ihm eine Täterin, die niemand anders ist als die Richterin. Die Entlastung des vermeintlichen Inzesttäters erfolgt zugleich mit der Belastung der Mörderin.

Die Erzählung referiert nicht auf eine besondere Rechtslage und bezieht sich nie auf ein bestimmtes Gesetz, insbesondere nicht auf die *Lex Romana Raetica Curiensis*, das in Churrätien in der ersten Hälfte des 8. Jahrhundert verfasste Rechtsbuch. Es ist eine Aufzeichnung weströmischen Vulgarrechts ohne gesetz-

---

1 Brief C.F. Meyers vom 30.4.1885 an Johanna Spyri, in: *Johanna Spyri*, Conrad Ferdinand Meyer, Briefwechsel 1877–1897, hrsg. und kommentiert von Hans und Rosmarie Zeller, Kilchberg (Mirio Romano) 1977, S. 58. – Es ist eine merkwürdige Strategie, mit den Mittel literarischer Zweideutigkeit ein gesellschaftliches Gerücht widerlegen zu wollen. Meyer wäre auch das Eltern-Kind-Verhältnis zur Verfügung gestanden. Er wählte die Geschwister-Konstellation, und zwar die heterosexuelle Spielart, und gab sich damit wenig Mühe, vom autobiographischen Kern abzulenken.

geberische Geltung und gab nicht das damals in Churrätien geltende Recht wieder[2]. Das materielle Recht wie das Prozessrecht ergeben sich aus der Erzählung selbst. Gleichzeitig hat der Autor dafür gesorgt, dass von einem historischen Recht die Rede ist, das auch im 19. Jahrhundert verständlich war. Mit anderen Worten muss, wer die Frage nach dem auf die Erzählung anwendbaren Recht aufwirft, wohl ebenso aufs 19. Jahrhundert wie auf die Zeit nach 800 blicken, in der sie spielt. Wie aber die zeitliche und geographische Lokalisierung der Geschichte von untergeordneter Bedeutung ist, ist es auch jene des Rechts. Dabei ist festzustellen, dass die geschilderten Verbrechen zu den Universalien der letzten Jahrtausende gehören: Giftmischerinnen gab es schon in der Antike zuhauf: Medea, Agrippina, Messalina, Locusta, Milonia, Caesonia, Pontia, Cleopatra[3].

---

[2] Vgl. *Jon Peider Arquint*: Lex Romana Curiensis, in: Historisches Lexikon der Schweiz (HLS), Version vom 25.11.2008. Online: https://hls-dhs-dss.ch/de/articles/008943/2008-11-25/, konsultiert am 5.12.2021.

[3] Das Delikt des Giftmords wurde traditionell Frauen zugeordnet. Vgl. *Adolph Kohut:* Berühmte und berüchtigte Giftmischerinnen. Eine culturgeschichtlich-psychologische Studie, mit einem Vorwort v. Rechtsanwalt Fritz Friedmann. Berlin (Bibliographisches Bureau) 1893; *A. Sper [= Hans Rau]* (Hrsg.): Berühmte Giftmischerinnen. Berlin (Berliner Zeitschriften Vertrieb) o.J. [1904]; *Erich Harnack:* Das Gift in der dramatischen Dichtung und in der antiken Literatur. Leipzig (Vogel) 1908; *Erich Wulffen:* Psychologie des Giftmordes. 2. Aufl. Wien 1918; *Erich Wulffen:* Das Weib als Sexualverbrecherin. Ein Handbuch für Juristen, Verwaltungsbeamte und Ärzte. Berlin (Paul Langenscheidt) 1923 [= Enzyklopädie der modernen Kriminalistik 12], S. 57; *Artur Heffter:* Berühmte Giftmischerinnen. Berlin (Ehering) 1923; *Liselotte Herx:* Der Giftmord. Insbesondere der Giftmord durch Frauen, Eine Untersuchung auf soziologisch-biologisch-psychologischer Grundlage. Köln 1937; *Inge Weiler:* Das Klischee der „typisch weiblichen Giftmischerin" als Produkt interdiskursiver Austauschbeziehungen im Bereich der Rechtskultur, in: Daniel Fulda / Thomas Prüfer (Hrsg.): Faktenglaube und fiktionales Wissen. Zum Verhältnis von Wissenschaft und Kunst in der Moderne. Frankfurt am Main u.a. (Peter Lang) 1996 [= Kölner Studien zur Literaturwissenschaft 9], S. 211–227; *Hania Siebenpfeiffer:* „Böse Lust". Gewaltverbrechen in Diskursen der Weimarer Republik. Köln (Böhlau) 2005, S. 89; *Michael Niehaus:* Die Figur der Giftmischerin als Fall der Literatur, in: KulturPoetik, Bd. 5, H. 2 (2005), S. 153–168; *Michael Niehaus:* Schicksal sein. Giftmischerinnen in Falldarstellungen vom Pitaval bis zum Neuen Pitaval, in: Internationales Archiv für Sozialgeschichte der deutschen Literatur (IASL) 31 (2006) 1, S. 133–149; *Karsten Uhl:* Die „Sexualverbrecherin". Weiblichkeit, Sexualität und serieller Giftmord in der Kriminologie 1870–1930, in: Lustmord, Medialisierungen eines kulturellen Phantasmas um 1900, hrsg. v. Susanne Komfort-Hein. Königstein im Taunus 2007, S. 133–148; *Irina Gradinari:* Genre, Gender und Lustmord. Mörderische Geschlechterfantasien in der deutschsprachigen Gegenwartsprosa. Diss. Bielefeld (transcript) 2011, S. 48 ff.; *Inge Weiler:* Giftmordwissen und Giftmörderinnen. Eine diskursgeschichtliche Studie. Tübingen (Niemeyer) 1998 [= Studien und Texte zur Sozialgeschichte der Literatur 65]; *Die Vergifteten*, in: Tages-Anzeiger, Zürich, 8.11.2013, S. 8; *Mona Dertinger:* Mutter, Gattin, Mörderin. Eine Untersuchung zu Weiblichkeit und weiblicher Kriminalität in Recht und Literatur. Diss. Heidelberg 2016, S. 41 ff.

Und auch „Blutschande"[4] war um 800 so strafbewehrt wie 1885, oder anders gesagt: Der Autor konnte davon ausgehen, dass seine zeitgenössischen Leser der Erzählung abnahmen, dass die beiden Verbrechen schon um 800 so verpönt gewesen waren wie in ihrer Gegenwart.

Eingerahmt wird die Geschichte von zwei Auftritten Karls des Grossen. Es ist, kurz nach seiner Krönung, eine Übergangszeit. Der Kampf zwischen Christentum und Heidentum ist in vollem Gange, noch wüten Sachsen und Sarazenen. Noch ist es erst ein Wunsch, dass der Christenkaiser „zum Rechten sehe" und den plündernden Lombarden „feste Bezirke und einen Richter gebe" (48). Der „Herr der Erde" (13) und „Herr der Welt" (49) soll „Ordnung schaffen" (14). Karl, der historisch als Reformator der Rechtspflege gilt, ist hier der Hüter des Rechts, der schlechthin Gerechte, die scheinbar über jeden Zweifel erhabene letzte Instanz. „[D]er Kaiser hat immer Recht, denn er ist eins mit Gott Vater, Sohn und Geist" (49), will der Hirtenbube Gabriel einmal sogar wissen. Doch lässt die Erzählung diese oft in Bezug auf Kaiser Wilhelm gelesene und entsprechend kritisierte Überhöhung nicht unkommentiert.

Ursprünglich plante Meyer eine andere Verortung. Ob nun aber im 13. oder im 9. Jahrhundert, ob nun Korsika oder Sizilien oder Rätien, ob nun Friedrich II. oder Karl der Grosse, es spielt keine wesentliche Rolle. Meyer geht es nicht um historische Aussagen. Ort und Zeit der Erzählung haben die Funktion, von der Gegenwart wegzurücken, eine eigene Welt zu konstituieren, welche unverdächtige Trägerin der eigenen inneren Problematik sein konnte. Dass die historische Lokalisierbarkeit kein dem Autor wichtiges Kriterium war, zeigt sich auch darin, dass sich verschiedene Szenen dem angestammten Raum entziehen. Wir werden dann versetzt in die zeitlose Welt des Traums oder der griechischen Mythologie.

Das schliesslich gewählte „Malmort" in Rätien ist ein Übergangsraum, eine mit allen Zeichen der Unsicherheit ausgestattete Mittelstation zwischen Nord und Süd. Nicht auf festem Boden steht die Burg, vielmehr fliesst und frisst unter ihr ein Strom. Die Gegend ist voller Gewalt. Es gibt auf Malmort „Mörder" (15), und auch „[r]ingsherum keine Burg, an der nicht Mord klebte!" (45).

Dabei sollte Malmort ein Ort des Rechts sein. Denn dort lebt Stemma, die das Amt der Richterin versieht. Auf welche Weise sie es geworden ist, wird nicht

---

[4] „Inzest" ist eine Sache gesetzlicher Bestimmung. Nicht alle Gesetze sagen dasselbe. Historisch sah das kanonische Recht der römisch-katholischen Kirche vor, dass Ehe und Hochzeit, also der Beischlaf, zwischen Blutsverwandten ersten Grades gegen göttliches Recht verstiess. Vgl. *Jutta Eming u.a.* (Hrsg.): Historische Inzestdiskurse, Interdisziplinäre Zugänge, Königstein/Ts (Ulrike Helmer) 2003.

gesagt, ausser, dass sie als Tochter ihrem verstorbenen Vater, dem Judex Wolf, gefolgt ist. Die Erzählung begründet es nicht, sondern setzt Stemma in aller Selbstverständlichkeit ins Amt. Eine Frau als Richterin, das kam damals nicht vor. Für die Erzählung spielt dies keine Rolle; das Volk hat sie ohne weiteres akzeptiert. Und immerhin kennt auch schon das Alte Testament die Richterin.

Ins Zentrum wird ihre Tätigkeit gestellt, was schon der Novellentitel anzeigt. Wie sie richtet, wird allerdings nicht geschildert. Man erlebt sie bei keinem einzigen Fall, mit Ausnahme einer Rechtsbelehrung. Mehr denn als Richterin wird sie in ihren menschlichen Verhältnissen gezeigt, als Tochter, Ehefrau, Witwe und Mutter.

Ihr Mann, der Comes Wulf, ist unter merkwürdigen Umständen gestorben. Nun ist es germanische Sitte, dass nur der Sohn des Verstorbenen Dritte von der Schuld an dem Tod freisprechen kann. Es braucht also Wulfrin, den Stiefsohn Stemmas, um sie zu entlasten. Er, der sich im Römer Gefolge Karls befindet, soll sie „anklagen oder freigeben", „nach vernommenen Zeugen" (37). Vor ihm will sich die Richterin „die Hände in ihrer Unschuld waschen" (9). Die biblische Formulierung erinnert fatal an Pilatus.

Zu diesem Tun hat Wulfrin wenig Lust. Er legt Stemmas Verlangen nach einem förmlichen Freispruch geradezu pathologisch aus (11): „Hat das Weib den Narren gefressen an Spruch und Urteil? Hat es eine kranke Lust an Schwur und Zeugnis? Kann es sich nicht ersättigen an Recht und Gericht?" Graciosus, ein nach Rom entsandter Räter, verteidigt Stemma hingegen: Sie wolle ihre Tochter Palma schützen. Kaiser Karl bricht dann Wulfrins Widerstand (16): „du darfst bei der Richterin nicht ausbleiben. Du bist es deinem Vater schuldig".

So geschieht es, und Wulfrin erscheint nach einem rechtlichen Zwischenspiel, der Geiselnahme durch Lombarden und dem Freikauf durch eine Lösegeldzahlung Palmas, auf Malmort. Er hegt keinen Verdacht: „Es gibt deren, die in jedem Zufall einen Plan, und in jedem Unfall eine Schuld wittern, doch das sind Betrogene oder selbst Betrüger." Stemma aber blicke „nicht wie eine Mörderin". Und Wulfrin wirft rhetorisch die später nochmals gestellte Frage auf (38): „Wärst du eine Böse, woher nähmest du das Recht und die Stirn, das Böse aufzudecken und zu richten?" Mit welchem Recht kann, wer selber schuldig ist, über andere befinden? Das aber ist eine moralische Frage und keine forensische Aussage. Wer richtet, beweist damit nicht seine eigene Unschuld.

Einhundert Menschen, das Gesinde der Richterin, versammeln sich auf der Burg. Natürlich gilt das Prinzip der Mündlichkeit, es kommt zu „Rede und Gegenrede" (41). Richter ist in diesem sonderbaren Fall Wulfrin und angeklagt die Richterin. Die Angeklagte muss ihren Richter das Richten erst lehren (42):

„Frage, untersuche, prüfe, ehe du mich freigibst! Du begehst eine ernste, eine wichtige Tat!" Aber Wulfrin fragt wenig. Schnell folgt sein Entscheid (42): „Ich gebe die Richterin frei von dem Tode des Comes und will verdammt sein, wenn ich je daran rühre!" Die Sache scheint entschieden. Der Burghof leert, das Volk verläuft sich. Wulfrin ist erleichtert, seiner Pflicht entledigt zu sein. Doch im Innern quält ihn der Vorwurf, er habe „den Vater […] preisgegeben" (42).

Von diesem wird wenig Vorteilhaftes gesagt. Er kam aus Italien und nächtigte beim alten Judex. Rasch warb er um dessen Tochter und erhielt sie sogleich. „Bei Wein und Würfeln wurden sie Freunde" (9). Stemma war bereits Wulfs dritte Frau (6). Seine zweite, Wulfrins Mutter, hat er ins Kloster „gestossen" (7). „Sie welkte, und der Vater verstiess sie." (8) An ihn also wurde Stemma durch ihren alten Vater zwangsverheiratet. „Kälter und lebloser als diese steinerne war meine Hand, da sie gewaltsam in die deines Vaters gedrückt wurde. Aus dem Kerker hergeschleppt, zugeschleudert wurde ich ihm von dem Judex" (38). Sie empfand sich als „Gezwungene und Entwürdigte" (38).

Kurz darauf stirbt Wulf. Keiner der „hundert Zeugen" (10) seines Todes denkt an Mord. Es gab plausible andere Gründe: Der Mann war zuvor rasend geritten und hatte auch viel getrunken. Ausserdem hatte Stemma den ihm gereichten Wein mitgetrunken. Wulfrin sagt später, er habe den „Augenzeugen Arbogast, der das Lügen nicht kannte, […] scharf ins Verhör" genommen (9). Doch Arbogast hat nichts Verdächtiges gesehen. Stemma hat überlebt, weil sie auch ein Gegengift zu sich nahm. Weder für ihre Vergiftung des Weins noch für die Einnahme des Gegengifts gibt es Zeugen. Das Mittrinken und Überleben von Stemma ist allen Beweis dafür, dass kein Gift im Spiel war. Stemma profitiert von der Ahnungslosigkeit des Volks; und der Verschwiegenheit des Klerikers Peregrins, von dem sie Gift und Antidot hatte.

Den Wulfenbecher, aus dem Wulf seinen letzten Schluck nahm, erbt sein Sohn, zusammen mit einem Wulfenhorn[5]. Auch diese beiden sprechenden Gegenstände spiegeln den Übergang: der Wulfenbecher ist heidnisch, das Wulfenhorn biblisch. Der Becher symbolisiert die eheliche Treue der Frau. Das Horn soll die Kraft besitzen, Frauen zum Bekenntnis zu zwingen, „was immer sie in Abwesenheit des Gatten gesündigt" haben (7). Bereits im ersten Kapitel bläst Karl der Grosse in Wulfrins Horn und erschreckt damit seine Umgebung, die den Eindruck erhält, „als nahe ein plötzliches Gericht" (16). Das Horn wird zur Gerichtsposaune. Auch sollen die himmlischen Haufen auf dem Horn „zum Gericht

---

5 Vgl. *Albrecht Eitz:* Hochpoetisch oder „ächtes antipoeticum"? Spielarten des Horn-Motivs in der deutschen Literatur. Diss. Münster 2016.

über Sodom und Gomorra" blasen (7). Damit steht das Jüngste Gericht schon am Horizont der Novelle.

Nach ihrem Freispruch wirft Stemma das Wulfenhorn in die Schlucht. Aber das Geschehene lässt sich nicht auf Dauer verdrängen, die Toten und alten Taten kehren wieder, und als das Horn auf wundersame Weise wieder auftaucht aus der Tiefe und Stemma stellt, ist es um ihr Geheimnis geschehen.

Stemma, als Richterin auch Gewalthaberin – die Erzählung spricht von ihrer „Herrschaft" –, entscheidet über Leben und Tod, lässt „hängen und köpfen" (19). Ihre Richtertätigkeit wird in doppelter Hinsicht problematisiert. Einerseits soll sie ihr Amt zu ernst nehmen (11):

> Frau Stemma liebt das Richtschwert und befasst sich gerne mit seltenen und verwickelten Fällen. Sie hat einen grossen und stets beschäftigten Scharfsinn. An wenigen Punkten errät sie den Umriss einer Tat und ihre feinen Finger enthüllen das Verborgene. Nicht dass auf ihrem Gebiete kein Verbrechen begangen würde, aber geleugnet wird keines, denn der Schuldige glaubt sie allwissend und fühlt sich von ihr durchschaut. Ihr Blick dringt durch Schutt und Mauern und das Vergrabene ist nicht sicher vor ihr. Sie hat sich einen Ruf erworben, dass ferner durch Briefe und Boten ihr Weistum gesucht wird.

Wulfrin hat hingegen ein anderes Richterverständnis (11): „Der Richter walte seines Amtes schlecht und recht, er lausche nicht unter die Erde und schnüffle nicht nach verrauchtem Blut"[6].

Noch viel stärker wird Stemmas Wirken aber von der erwähnten Forderung in Frage gestellt, dass, wer richtet, rein sein müsse. Der Schuldige könne nicht über Schuld befinden. Unreinheit mache sein Richten unrein. Karl nimmt diesen Gedanken am Schluss auf (82 f.): „Wärest du eine andere, als die du scheinest, und stündest du über einem begrabenen Frevel, so wäre deine Waage falsch und dein Gericht eine Ungerechtigkeit". Darin also liegt die grosse Täuschung Stemmas: Sie amtet als Hüterin des Gesetzes, das sie selbst gravierend verletzt hat. Sie ist keine untadelige Richterin, sondern spielt dies bloss; eine Schauspielerin ihrer selbst.

Es gibt auf Malmort einen überdeutlich analogen Fall, der vorab vor Augen geführt wird, zunächst als Beispiel für den Scharfsinn und die Gerechtigkeit der Richterin; später erfährt man, dass er entscheidend mit ihr selbst zu tun hat. Faustine nämlich, die gleichaltrige frühere Spielgefährtin und nun Untergebene Stemmas, hat ihren Ehemann vergiftet, auch sie mit Gift von Peregrin, um die

---

[6] Indem Wulfram seiner Stiefmutter vorwirft: „das ewige Verhören und Richten hat dich quälend und peinlich gemacht" (39), thematisiert er sodann die Rückwirkungen der Tätigkeit auf die Richterin selbst.

Ausserehelichkeit ihres Kindes zu verbergen. Faustine verlangt von Stemma, verurteilt zu werden. Doch diese weigert sich, und gibt dafür gleich drei Gründe an: Erstens wurde die gestandene Tat noch zu Lebzeiten ihres Vaters begangen; nach dessen Tod aber verkündete Stemma eine allgemeine Amnestie. Zweitens wäre die Tat verjährt (27): „hier ist uralter Brauch, dass Schuld verjährt in fünfzehn Jahren". Und es sind schon sechzehn vergangen. Faustine entgegnet, Stemma mache Ausnahmen und urteile nicht streng sachlich, sie „sehe die Person an" (28). Gegen den Vorwurf, sie sei eine *Judatrix suspecta*, der Parteilichkeit verdächtig, bringt Stemma noch ein beweisrechtliches Hindernis vor (28): „es steht kein Zeuge gegen dich als deine törichte Zunge" (28). Das Geständnis allein reicht für ein Urteil nicht[7]. Daher, schliesst die Richterin, ist Faustines Sache „nicht mehr richtbar" (28).

Was aber bleibt, ist die Moral. Zwar sei Faustine, erklärt Stemma, weiterhin eine Mörderin. Aber sie habe „mit dem irdischen Richter nichts mehr zu schaffen, sondern nur noch mit dem himmlischen" (28). Sie kann zwar kein gerichtliches Urteil mehr über sich erwirken, aber sie kann sich der Gerichtsbarkeit in foro interno, jener der Kirche bei Verstoss gegen Gewissensnormen unterstellen, sie kann beichten, und der Beichtvater kann Strafen auferlegen. Der Schwerpunkt verlegt sich von der rechtlichen Schuld zur christlichen Sünde. Für diese gibt es keine Amnestie, sie verjährt nicht, und sie braucht keine Zeugen. Die Sünde hängt nicht von Justiziabilität ab.

Das zweite Verbrechen ist Wulfrins Inzest. Denn er liebt Stemmas Tochter Palma. Rein ist also auch dieser temporäre Richter nicht. In welchen Abgrund er gestürzt ist, erkennt er bei Graciosus, der ihm ein Buch über die inzestuöse Liebe der mythologischen Byblis, Tochter des Miletos, zu ihrem Bruder Kaunos zu lesen gibt. Er wird dort in die Unterwelt versetzt, zu „hässlichem Nachtgevögel", „einer Hölle", „rasender Flut", „ungeheuren Gestalten". „Da war nichts mehr von den lichten Gesetzen [...] der Erde". Es ist eine „Welt der Willkür, des Trotzes, der Auflehnung", voll „Gesetzlosen" (62). Was dies in der Gegenwart bedeutet, sagt Stemma (69): „Auf sündiger Geschwisterliebe [...] steht das Feuer". Selbst die Giftmörderin Faustine ist abgestossen, als Wulfrin ihr mitteilt,

---

7 Geständnisse sind im Laufe der Geschichte unterschiedlich bewertet worden, vgl. *Confessio regina probationem*, das Geständnis ist die Königin der Beweismittel (aber noch nicht der Beweis); hingegen: *Confessio est non probatio*, Ein Geständnis ist kein Beweis (im modernen Strafprozess); *Confessio pro veritate accipitur*, das Geständnis wird als Wahrheit genommen. Zum erfolterten „Geständnis" vgl. *Daniel Kehlmann*, Tyll, Hamburg 2017, S. 125: „die Halsgerichtsordnung des Kaisers Karl [...] schreibt auch ein Geständnis vor. Kein Prozess darf ohne Geständnis enden, kein Urteil darf verhängt werden, wenn die Beklagten nicht etwas zugegeben haben".

dass er die Schwester begehre (63): „Da entsetzte sich die Mörderin, schlug ein Kreuz über das andere und lief so geschwind sie konnte".

Ist Palma aber wirklich seine Schwester? Seine Stiefmutter sagt Wulfrin ins Gesicht (68): „Wie sonst? Ich weiss es nicht anders." Also, meint Wulfrin, „ist mein Haupt verwirkt". Nun verlangt er Stemmas Spruch: „du selbst sollst mich richten und verurteilen". „Am lichten Tage unter allem Volke, will ich den Greuel bekennen und die Sühne leisten!"

Das Delikt ist allerdings gar nicht vollzogen worden. Wulfrin führt zwar aus, er vollbringe die Tat „mit jedem Atemzuge" (69). Aber Stemma bescheidet ihm (69): „Du bist ein Verbrecher nur in deinen Gedanken [...]. Die Tat aber und nur die Tat ist richtbar"[8]. Ausserdem ist der objektive Tatbestand noch aus einem anderen Grund nicht erfüllt: Für die Blutschande fehlt das Blut. Es ist nicht die Unterwerfung unter das Liebesverbot, kein Entschluss zur Rechtlichkeit, sondern ein dem Täter nicht bekannter objektiver Umstand, die Nichtgeschwisterlichkeit, welche die Straftat verunmöglicht. Denn Palma ist nicht Wulfrins Halbschwester, nicht die Tochter seines Vaters Wulf, sondern das Kind des vom Judex erwürgten Klerikers Peregrin. Von ihm hat Stemma also nicht nur das Gift, sondern auch ein Kind bekommen.

Noch weiss dies einzig sie. Im Traum schleudert sie einer anderen Frau entgegen (73): „Das bringst du nicht heraus! Du findest keine Zeugen!" Aber diese visionäre Frauengestalt, die Justitia darstellt, hält „die Tafel mit beiden Händen empor über die sonnenhellen Augen". Die Gerechtigkeitsgöttin hat ihren Auftritt nicht umsonst. Denn wenig später gelangt die Wahrheit an den Tag. Gegenüber ihrem verstorbenen Mann höhnt Stemma (74): „Keine Maid hat dir der Judex gegeben! Ich trug das Kind eines andern! Du durftest mich nie berühren, Trunkenbold, und am siebenten Tag begrub dich Malmort"[9]! Dies nun aber hört Palma mit. Zuerst versucht die Mutter, ihr das Gehörte auszureden. Doch diese antwortet nur: „Belüge mich nicht, Mutter!" Sie hofft dann: „Mein Kind wird nicht als Zeugin gegen mich stehen." (79) Aber das Kind antwortet: „Wir wollen die Wahrheit bekennen!"

---

8   Vgl. *Cogitationis poenam nemo patitur*, Niemand erleidet Strafe für die Gesinnung, Gedanken sind frei; *Primi motus nun sunt in potestate nostra*, Die ersten verbrecherischen Gedanken gehören nicht in unseren Machtbereich, sie sind straflos.

9   Daraus geht hervor, dass von Ehebruch (so *Hans Wysling / Elisabeth Lott-Büttiker:* Conrad Ferdinand Meyer 1825–1898. Zürich (NZZ) 1998, S. 372) nicht die Rede sein kann. Die Zeugung Palmas erfolgte vor der Hochzeit. Und wenn Wulfrin berichtet: „Beim Bischof in Chur wurde Beilager gehalten." (10), so weiss es Stemma besser: „Du durftest mich nie berühren, Trunkenbold". Es scheint, dass er, wohl mit Stemmas Hilfe, zu sehr dem Trunke zugesprochen hat, um es zum Beischlaf kommen zu lassen.

Nun bringt die Richterin ein Letztes vor (81): „Würde laut und offenbar, dass hier während langer Jahre Sünde Sünde gerichtet hat, irre werden würden tausend Gewissen und unterginge der Glaube an die Gerechtigkeit!" (81) Das ist das Staatsräson-Argument: Man muss aus öffentlichem Interesse die Illusion aufrechterhalten. Das Volk ist im Glauben zu lassen, dass, wer über Schuld richtet, selbst unschuldig ist. Aber selbst dieses Argument vermag sich nicht zu halten.

Die Geschichte kulminiert, als es auf Malmort im Schlusstableau erneut, nun unter Karls Augen, zum Gerichtstag kommt. Die Rollen werden vertauscht: Jetzt will Wulfrin von Stemma gerichtet werden. Doch wie sollte dies geschehen? Der Erzähler stellt Fragen, die Stemma verwehrt bleiben (72):

> War es denkbar, dass sich die Natur so verirrte? Dass ein so lauterer Mensch in eine solche Sünde verfiel? War es nicht wahrscheinlicher, dass hier Irrtum oder Lüge Bruder und Schwester gemacht hatte? So hätte die Richterin ohne Zweifel geforscht und untersucht, wäre sie nicht Stemma und Palma nicht ihr Kind gewesen. Aber sie durfte nicht untersuchen, denn sie hätte etwas Vergrabenes aufgedeckt, eine zerstörte Tatsache hergestellt, ein Glied wieder einsetzen müssen, das sie selbst aus der Kette des Geschehenen gerissen hatte.

Die Richterin ist Teil des Geschehens und hochbefangen. Die „Sünde des Unschuldigen" richtet sich gegen sie selbst. Sie ist das „gegen sie selbst heranschreitende Verhängnis".

Wieder füllt das Volk das Rund. Stemma kündigt an, sie werde Wulfrin – und sich selbst – richten „nach der Gerechtigkeit". Zuerst kommt sie auf Faustine zu sprechen, die sagen würde (84 f.): „Ich, die das Kind eines andern im Schosse barg, habe den Mann gemordet." Sie selbst, bekennt sie, habe „getan wie Faustine. Auch ich war das Weib eines Toten! Auch ich habe den Gatten ermordet! [...] Hört! Nicht ein Tropfen Blutes ist diesen zweien [Palma und Wulfrin] gemeinsam!"

Das vermeintliche Inzest-Verbrechen dynamisiert die Aufdeckung des Giftmords. Stemma entlastet Wulfrin, indem sie sich selbst belastet. Beides ist, bei Lichte besehen, nicht kausal verbunden. Katalysator ihres Geständnisses vor der Gerichtsöffentlichkeit ist der Wille, die Nicht-Halbgeschwisterlichkeit von Wulfrin und Palma aufzudecken und sie damit vom Verdacht des Inzestes zu befreien. Diese Tatsache hätte Stemma allerdings auch unabhängig von ihrem Giftmord bekanntgeben können. Sie hätte darlegen können, dass Palma nicht das Kind Wulfs ist, ohne dies mit dessen Tod und ihrem Mord zu verbinden.

Etwas früher hat sich Stemma sogar über Wulfrins Drang zum Geständnis mokiert (70): „So mangelt dir der Verstand und die Kraft, das Geheimnis der Sünde zu tragen?" Er hatte geantwortet: „Das ist Weibes Art und Weibes Lust". Indem Stemma nun gesteht, handelt sie daher nach Wulfrins Verständnis wie ein Mann.

Bevor Stemma zur Mörderin wird, ist sie eine Betrügerin. Sie betrügt ihren Mann, indem sie ihm vor der Hochzeit ihre Schwangerschaft verschweigt[10]. Der Mord ist eine Fortsetzung und Amplifizierung des Betrugs. Ihr toter Mann kann keine Fragen zur Vaterschaft Palmas mehr stellen, und über ihn hinaus tut dies auch die Mitwelt nicht mehr, denn der ermordete Mann ist für sie der unbezweifelte Vater. Zeugung, Hochzeit, Ermordung und Geburt halten eine zeitliche Folge, die den Betrug perfekt unterstützt. Später betrügt Stemma auch Wulfrin, den sie sich freisprechen lässt, und sie versucht den Betrug zu untermauern, indem sie sein Horn entsorgt.

Was gilt nun aber für die Argumente, die Stemma gegen eine Verurteilung Faustines vorgebracht hat: Amnestie, Verjährung, fehlende Belastungszeugen? Sie hat ihre Tat zu Lebzeiten des Vaters begangen und verkündete dann bei Amtsbeginn eine allgemeine Amnestie. Hier könnte man allenfalls einwenden, dass die Richterin nicht in eigener Sache habe Amnestie verkünden können. Formal jedenfalls fiel sie aber darunter. Auch die Verjährung ist schon eingetreten. Schliesslich und vor allem fehlen Zeugen. Doch wo es keinen solchen gibt, kann der Täter noch so geständig sein, das war Stemmas Argument gegen eine Verurteilung Faustines gewesen. Auch ihre eigene Tat vermag weiterhin kein Dritter zu bezeugen. Die Tochter war damals noch gar nicht auf der Welt und zur Zeugenschaft schlecht in der Lage. Palma hat wohl „das Geheimnis meiner Tat belauscht" (84), nicht aber die Tat selbst erlebt. Sie hätte nur sagen können: *relata refero*, ich berichte nur Gehörtes, nicht Erlebtes[11].

Doch die Erzählung verlangt nach poetischer Gerechtigkeit. Der Glaube, jede schlechte Tat gelange irgendwann ans Licht und werde bestraft, ist eine Arbeitsbedingung realistischer Erzähler. Die sich anklagende Richterin will Karl zum Richter ihrer nicht richtbaren Sache machen: „Nun richte du, Kaiser!" Aber der oberste Richter verweigert sich dieser Rolle, für die er gerufen wurde, und gibt zurück: „Richte dich selbst!" (84) Jetzt bleibt Stemma nur noch der letzte Aus-

---

10 Nach dem Wort *Pater est quem nuptiae demonstrant* gilt als Vater, wen die Eheschliessung ausweist. Es handelt sich hingegen nicht um den Fall der *Legitimatio per subsequens matrimonium*, der rechtlichen Anerkennung von unehelichen Kindern als ehelich durch die nachfolgende Ehe der Eltern.

11 Ausserdem bestünde durch die Verwandtschaft eine mögliche Befangenheit, gehörte sie zu den *testes inhabiles*, den relativ unfähigen Zeugen. – Auch in Bezug auf Zeugenaussagen hat die Geschichte unterschiedliche Haltungen eingenommen. Vgl. *Unus testis, nullus testis*, Ein Zeuge ist kein Zeuge; *Plus creditur duobus testibus affirmantibus, quam mille negantibus*, Zwei Zeugen, welche bestätigen, ist mehr zu glauben als tausenden, welche verneinen; *In ora duorum vel trium testium*, Durch zweier oder dreier Zeugen Mund wird allerwegs die Wahrheit kund.

weg, das „Gottesurteil" (84). Das Gottesurteil ist ein Versagen der irdischen Gerichtsbarkeit. Wenn diese nicht weiterweiss, schiebt sie die Entscheidung der höchsten Instanz zu, ohne sie zu fragen, ob sie dazu bereit sei, und sucht übernatürliche Zeichen, aus denen sie dann die Wahrheit doch erkennen kann. Man half Gott ein wenig nach, indem man verschiedene Formen der Probe einführte: Eisenprobe, Wasserprobe, Feuerprobe, Bahrprobe, Kreuzprobe, Blutprobe, Giftprobe, und anderes mehr. In Stemmas Fall ist die Frage nach dem Gottesurteil merkwürdig. Denn sie richtet sich gleich selbst und trinkt jenes Gift, das sie einst auch zusammen mit ihrem Mann getrunken hat, nun aber ohne das rettende Gegengift. Zur Anwendung gelangt damit der Sache nach das *ius talionis*. Stemma darf jetzt sein, was sie ist: eine Mörderin. Mit dem Tod gibt sie sich die Wahrheit zurück. Er löst den Widerspruch ihres Richterlebens auf.

Stemmas Aussage, ihren Ehemann umgebracht zu haben, entspricht, wie bei Faustine, eher der kirchlichen Beichte als einem forensisch relevanten Geständnis. Juristisch ist die Auflösung unsauber; moralisch hingegen ist sie klar. Die Schuld altert nicht und verjährt nicht. Das Gewissen bleibt von der Zeit unberührt. Man kann die Tat nicht ungeschehen machen. Es gibt keine *restitutio in integrum*. Meyers Geschichte folgt dem strengen Spruch *Poena potest demi, culpa perennis erit*, Wohl kann die Strafe getilgt werden, die Schuld aber bleibt bestehen[12].

Wird Stemmas ganzes Richtertum durch diesen Ausgang nun entwertet? Die Erzählung stellt die Frage, zieht den Schluss aber nicht. Das Spiel, die Diskrepanz zwischen Sein und Schein, in der Novelle allgegenwärtig, gehört zum Leben. Dies wird schon zu Beginn klargestellt, mit dem Hinweis darauf, dass das auf das Kapitol versetzte Reiterstandbild in Wahrheit nicht den christlichen Kaiser Constantin, wie Karl meint, sondern den Heiden Marc Aurel darstellt.

Auf das Grab des vergifteten Comes liess Stemma die verdächtigen Worte meisseln (39, vgl. 84): *orate pro magna peccatrice*, betet für die grosse Sünderin. Karl Schmid hat den Spiess umgedreht und das Ausser- und Überrechtliche ihrer Sünde in den Vordergrund gestellt. Er hob in der Formel der „grossen Sünderin" – so sollte die Novelle ursprünglich heissen – die Grösse und das Sündigen als Qualifikationsmerkmal hervor[13]:

---

12 Vgl. dagegen *Poena est noxae vindicta*, Strafe bedeutet gleichzeitig auch Befreiung von Schuld; *Absolutus sententia iudicis praesumitur innocens*, Der durch Gerichtsurteil Freigesprochene gilt als unschuldig.

13 *Karl Schmid:* Gesammelte Werke, hrsg. v. Thomas Sprecher und Judith Niederberger, Zürich (NZZ) 1998, Bd. IV, S. 136. Vgl. auch Bd. I, S. 149. – Weitere zugezogene Lite-

Der Vorwurf der *Magna peccatrix* erinnert an Luthers *pecca fortiter*, aber es klingt auch der ganz unchristliche Gedanke herein, dass nicht die Reinheit, sondern die Lebensfülle eines Menschen ihn zum Richter prädestiniere, das *nil humani a me alienum puto*.

Der Lebensvolle, Vollständige, Verständige, der Auch-Verbrecher ist der bessere Richter. Erst der Sünder ist vom Fach. Und so beantwortet die Novelle das Problem des schuldigen Richters anders als Stemma selbst. Sie hat jahrelang bewiesen, dass man auch – ja gerade – schuldbeladen ausgezeichnet richten und sich weiterhum Respekt verschaffen kann.

Das letzte Wort gehört dem Kaiser. Er gibt Wulfrin Palma nicht gleich zur Frau, sondern schickt ihn noch einmal in den Kampf. Gott wird also doch einmal noch zu urteilen haben. Und wenn die beiden Nichtgeschwister doch einmal noch zusammenfinden sollten, dann an anderm Orte. „Dann entzündet Rudio die Brautfackel und schleudert sie in das Gebälk von Malmort!" (86) Mit diesem Satz Karls findet die Novelle ihr Ende. Zuletzt also soll diese Welt untergehen. Die Assoziation zu Wagners „Ring des Nibelungen", zur Götterdämmerung, zur Verbindung von Siegmund, dem „Wölfing", und Sieglinde, in der „Walküre", ist gewiss nicht zufällig.

Viele Fragen bleiben offen. So ist das Motiv für Stemmas Mord unklar. Dass sie den lästigen Gatten loswerden wollte, gibt sie nicht als Grund an. Sie behauptet, ihn getötet zu haben, „damit mein Kind rein blieb" (80). Doch diese Begründung leuchtet nicht ein. Wulf wusste nicht, dass ihr Kind nicht von ihm war, und wie hätte er es erfahren sollen? Die Zeugen von Stemmas Beilager mit Peregrin, dieser selbst und Stemmas Vater, waren tot[14]. Es brauchte den Tod Wulfs nicht, um die wahre Vaterschaft zu verbergen. Und „rein" im Sinne der ordnungsgemässen Geburt war die vorehelich gezeugte Palma ohnehin nicht.

---

ratur, soweit nicht spezifisch angemerkt: *C.F. Meyer:* Sämtliche Werke. Historisch-kritische Ausgabe besorgt von Hans Zeller und Alfred Zäch, Bd. 12: Novellen II. Bern (Benteli) 1961; *Marianne Wünsch:* Die realitätsschaffende Kraft des Wortes. Zu C. F. Meyers „Die Richterin", in: Conrad Ferdinand Meyer im Kontext. Beiträge des Kilchberger Kolloquiums, hrsg. v. Rosemarie Zeller = Beihefte zum Euphorion, H. 35. Heidelberg 2000, S. 77–95; *Li-Fen Ke:* Poetische Gerechtigkeit, Die literarische Darstellung der Gerechtigkeit in der deutschsprachigen Literatur von Schiller bis Schlink, Mit einem interkulturell vergleichenden Blick auf die chinesischsprachige Literatur. Frankfurt am Main (Peter Lang) 2008 (Bochumer Schriften zur deutschen Literatur 67), S. 128–139.

14 So auch Peter von Matt: „Die Richterin", Conrad Ferdinand Meyers Kunst im Widerstreit zur privaten Phantasie, in: Das Schicksal der Phantasie, Studien zur deutschen Literatur, München: Carl Hanser 1994, S. 224–241, 225: „Die Richterin braucht gar keine Vorkehrungen zu treffen, um ihre Schuld zu verheimlichen; ihr Verbrechen ist von Anfang an im kriminalistischen Sinne 'perfekt'".

Opfert sich die Mutter für die Tochter? Oder die Richterin für das Recht? Oder die Sünderin ihrem Gewissen? Die Frage, warum sich Stemma umbringt, hat in der Forschung viel zu schreiben gegeben. Meyer selbst wies auf das Gewissen, und die Interpreten haben ihm dies lange nachgetan. Erst Peter von Matt machte darauf aufmerksam, dass die Novelle keine Gewissensqualen der Richterin erkennen lässt[15]. Sie verheimlicht das Verbrechen, das einzig sie kennt, bis zuletzt, und scheut zuvor die Lüge nicht. Denkbar wäre auch noch, dass Stemma der Meinung war, es müsse unter allen Umständen und zu jeden Kosten Recht geschehen – *fiat jus et pereat mundus*[16]. Dieses Motiv hätte den moralischen Vorteil gehabt, dass Stemma sich erst umbringt, als sie wegen Verjährung nicht mehr belangbar wäre. Aber auch dafür gibt die Erzählung keine Hinweise.

Zuletzt bleibt der Schluss, dass sich Stemma das Leben nimmt, weil das zeitgenössische Lesepublikum es verlangt; weil der Autor sich zu dieser Konzession gezwungen sieht. In Bezug auf ihren Abgang ist Stemma eine Figur von 1885: Sie nimmt sich das Leben aus moralischen Gründen der Bismarckzeit. Noch 1898 tadelte die Schweizerische Kirchen-Zeitung an der Novelle, dass in den ersten drei Kapiteln „zwei Ehebrüche, zwei Gattenmorde, ein Bischofssohn und eine putative, blutschänderische Geschwisterliebe den Hintergrund und die Handlung" bildeten[17]. Stemma also musste sterben, damit die Novelle Leben gewann.

Doch eine weitere Botschaft dieser Geschichte bleibt: Gegen das Gesetz stellt sich das Recht der Natur, Wulfrins sozial nicht gehemmtes und nicht hemmbares Begehren, der nichtverbietbare Wunsch. Das erotische Verlangen unterwirft sich keinem Gericht, auch keinem moralischen. Wulfrin liebt Palma, ob es nun seine Schwester sei, und ob er dafür mit dem Leben zahlen muss. Wohl macht die spät entdeckte Nichtgeschwisterlichkeit die Bereitschaft zum Inzest nicht ungeschehen. Doch ist der Begriff der Bereitschaft wiederum bis zur Falschheit ungenau, denn diese Liebe ist viel mehr ein Geschehen als ein Tun, viel mehr ein Ergriffensein als ein Ergreifen[18]. Es gibt zur Welt der Sittlichkeit, wie sie Meyers Gegenwart prägt, vor welche die Erzählung tritt, vor welcher sie bestehen will –, es gibt zu dieser Gegenwart eine archaische Gegenwelt,

---

15 *von Matt;* „Die Richterin", S. 226.
16 Vgl. *Detlef Liebs:* „Das Rechtssprichwort Fiat iustitia et pereat mundus", in: Juristenzeitung 2015, S. 138–141.
17 *P. Kreiten und Beremundus*, in: Schweizerische Kirchen-Zeitung, 31.12.1898, Nr. 53, S. 419.
18 Dem entspricht vielleicht, dass Palmas Gegenliebe nicht in den Dunst der Fragwürdigkeit getaucht wird.

eine Unterwelt eigenen Rechts. Sie kann sich gegen das Urteil zeitgenössischer Sittlichkeit nicht wehren, aber dieses Urteil erreicht sie gar nicht.

Durch den Erzähler wird der Leser zum Zeugen und durch die Kommunikationsstruktur zum Richter gemacht, und sein Gericht ist unabhängig von den Intentionen des Erzählers und der Erzählung. Was der Erzähler denkt, und wohin seine Erzählung lenkt, berührt sein Urteil nicht. Nun hat man in der Forschung verschiedentlich angemerkt, ausgehend von einem Hinweis Meyers, dass der Autor seiner Geschichte auch unüberwachte Passagen eingeschrieben hat, die den kontrollierten, auf die Gegenwartsmoral ausgerichteten Aussagen widersprechen. Dies führt zur Frage nach der wahren Botschaft der Novelle. Peter von Matt bemerkte, auch erfahrene Leser würden sich „vielleicht entschieden weigern, eine eindeutig berichtete Handlung gegen ihren expliziten Verlauf zu lesen", und die Frage aufwerfen: 'Wenn die inzestuös geliebte Schwester zuletzt gar nicht die Schwester ist und diese Liebe also eine ganz und gar 'natürliche', warum soll ich da die Illusion als das Wesen betrachten und die Wahrheit als Maske der Illusion?' Er setzte voraus, es stehe fest, dass Palma nicht Wulfrins Schwester sei. Aber wissen wir das? Die einzige, die es behauptet, ist Stemma, und sie sagt Widersprüchliches. Und wenn die Geschichte nur die Fabel und Erfindung einer Lügnerin wäre? Es könnte ja sein, dass Peregrin schon zu Lebzeiten nicht mehr als der Schatten war, als der er im Traum erscheint. Zeugen gibt es so wenig wie andere Beweismittel. Auch heute vermag eine blosse Behauptung, die als Geständnis daherkommt, noch keine Tat zu beweisen. Mehr noch: Wir haben auch keine Sicherheit, dass Stemmas Mann umgebracht wurde und dass dies durch Stemma geschehen wäre. Das Vorhandensein von Gift und Gegengift ändert daran nichts. Es ist nicht der Erzähler, der Stemma auktorial die böse Tat zuweist, dies geschieht einzig durch Stemma selbst, sechzehn Jahre später. Das Geständnis kann unwahr sein, gegenüber dem erzählten Gericht, aber auch gegenüber jenem der Leserschaft. Und schliesslich wird auch Wulfrins Verbrechen der Welt nur durch Wulfrin selbst bekannt. Sein Ausruf aus tiefer Brust und Schlucht: „Malmort strahle! Ich halte Hochzeit mit der Schwester!" (63) hört innerhalb der Erzählung nur er allein. Um dies sicherzustellen, fügt der Erzähler eigens an: „Der Sturm verschlang die rasenden Worte." Es könnte also alles nochmals anders gewesen sein, ein Fest der Lüge, ein vielgipfliges *mundus vult decipi*.

Princeps legibus solutus: Der Fürst ist von den Gesetzen befreit, er schafft sie, unterliegt ihnen aber nicht. In dieser hochartifiziellen Komposition aber steht selbst der „Höchste" (83, vgl. 3) im Zwielicht[19]. Ein vollkommener Rechtshüter ist der notorische Ehebrecher nicht. Karls Ordnung hat Löcher. Er nimmt ein Privatrecht in Anspruch. Das Recht ist nicht göttlich, sondern menschlich, es ist so unvollkommen wie die Menschen, und auch die Richter, als Menschen, sind es, Stemma wie Karl. Die Frage nach der Gerechtigkeit bleibt so offen wie jene nach der dafür zuständigen Instanz.

---

19 Dies gilt auch für den untergeordneten Richter, nämlich Stemmas Vater. Er gibt seine Tochter, ohne sie zu fragen, ohne weiteres weg, was rechtlich nicht zu beanstanden gewesen sein mag, moralisch aber schon. Dass sich Stemma des Ungeliebten entledigt, richtet sich auch gegen ihn, dessen Richtertum dadurch mit angegriffen wird. Moralisch befragt werden kann auch, dass der Richter Peregrin, den Vater seiner Enkelin, stracks erwürgt, also Selbstjustiz übt.

KOMMENTAR II

Walter Zimorski

Die Richterin – C. F. Meyers Kriminal-Novelle als Liebes- und Selbstjustizdrama an der Epochenschwelle zur Literatur der Moderne
Eine Studie zu Meyers novellistischer Kontrastästhetik

Novellistisch inszenierte Skandale in symbolisierter Alpen-Landschaft.
Die Journal-Publikation und die ersten Buchausgaben der Novelle (1885)

„Für 1884 habe ich [...] eine längst geplante und längst der Rundschau versprochene Novelle: die Richterin auf dem Webstuhle" (C. F. Meyer brieflich am 16.1.1884 an J. J. Hardmeyer).

Mit seinem Vater Ferdinand Meyer durfte der fast 13-jährige Gymnasiast Conrad Meyer während der Sommerferien 1838 in den Kanton Graubünden reisen, um gemeinsam zu wandern und Walensee, Ragaz, Chur, Thusis, Viamala, Splügen, Chiavenna sowie das Engadin, das Hochtal des Inn mit seiner Seenkette zu erkunden. Den „Erinnerungen" seiner Schwester Elisabeth zufolge reiste C. F. Meyer auch später im Sommer bevorzugt nach Graubünden, den seit 1803 selbständigen Schweizer Kanton, den markante Längstäler von Rhein und Inn kennzeichnen. Mit seiner Schwester besuchte Meyer von Mitte Juli bis Anfang Oktober 1866 Graubünden zu Ortsbesichtigungen und von Mitte Juli bis Anfang Oktober 1867 bereiste er wieder mit seiner Schwester Silvaplana, Lugano, San Bernardino und die abwechslungsreiche Naturlandschaft von Thusis im Domleschg, die C. F. Meyer Anfang Dezember 1867 erneut besuchte.

Das ihm aufgrund seiner Reisen vertraute Bündnerland, das Domleschg, die Viamala, das Schams, die Felsen-Formation von Hohenrätien, hat der Dichter als zentralen Erzählort seiner historischen Novelle *Die Richterin*, als symbolisierten Schauplatz dramatisch inszenierter Probleme mittelalterlicher Beziehungskonflikte dargestellt. Hoch über dem Gemeindegebiet von Sils im Domleschg, hoch über dem Nordeingang zur Viamala-Schlucht, lag die Burg *Hohen Rätien*, eine der ältesten Siedlungsstätten im Bündnerland. Das Burgplateau wird durch drei senkrecht abfallende Felswände geschützt; der Zugang zur Burganlage ist nur an der ebenfalls steilen Südseite über einen tiefer liegenden Geländesattel möglich. Die Burg *Hohen Rätien* lag unmittelbar an der bis in die frühe Neuzeit viel begangenen Viamala-Route, eine der markantesten Nord-Süd-Verbindung der Alpen. Das ihm aus eigener Anschauung bekannte schweizerische Hochgebirge erschien dem Dichter „wie ein Gemälde, an dem kein Maler etwas zu verbessern fände". Die detailrealistischen Elemente seines literarischen Landschaftsprospekts gestalten extreme Kontraste, beispielsweise das Felsentor der bizarren Viamala-Schlucht, über das der Piz Veverin mit einer Schneekuppe in den tiefblauen Himmel ragt, das fahlgelbe Gewitterleuchten über dem Abgrund der Viamala-Schlucht und die schneebedeckten Kuppen des Hochgebirges unter einem bläulichen Himmel, der Palma schwärmen lässt:

„Jetzt prangt und jubelt der Schneeberg", sagt Palma zu Wulfrin, „aber nachts, wenn es mondhell ist, zieht er bläulich Gewand an und redet heimlich und sehnlich"[1].

Die traditionsreiche Burg *Hohen Rätien* hat der Novellist zum dramatisierten Schauplatz mit dem vorausdeutenden Namen *Burg Malmort* umgeformt, um das Naturphänomen der Felsklüfte und Schluchten als ambivalentes Symbol zu inszenieren: der *locus amoenus* erweist sich als *locus terribilis*. Der ausgewählte Schauplatz wird als Schreckensort von brutal erzwungener Ehe, von rächendem Gattenmord und rauschhafter Liebesleidenschaft vermeintlicher Geschwister dramatisch inszeniert – das komplexe Natur-Symbol der Felskluft und Schlucht, durch die ein tosender Fluss saust, deutet nicht nur auf den Abgrund der nach einst geltenden gesellschaftlichen Normen verbotenen Geschwisterliebe, sondern letztlich auf die erotische Liebesleidenschaft zwischen den vermeintlichen Geschwistern Wulfrin und Palma – sanfte Emotionen und ungehemmte, extreme Affekte des Inzest-Problems werden hochdramatisch inszeniert. Das vielfältig rätselhafte Naturphänomen der Schlucht symbolisiert spannungsvoll erzählte novellistische Motive durch dramatische Inszenierungen der gefährdeten, möglicherweise glückenden Liebes-Leidenschaft. Durch den Novellen-Schauplatz der Schlucht konkretisiert der Novellist das komplexe Symbol angedeuteter Interdependenz zwischen erzählter Darstellung bizarrer Naturelemente und erotischer Leidenschaft – in der begehrten Liebes- und Lebensgemeinschaft soll sich Wulfrins und Palmas größtes Glück erfüllen; wird einst ihr Hochzeitsfest gefeiert, dann wird die lodernde „Brautfackel" „das Gebälk von Malmort" niederbrennen, der *locus terribilis* vernichtet.

C. F. Meyer weiß fast unwahrscheinlich extreme, gleichwohl erfindungsreiche Probleme und Konflikte mittelalterlichen Lebens in dramatisierten Szenen-

---

1 Johannes *Klein:* Conrad Ferdinand Meyer. Grundlagen von Meyers Erzählkunst. In: Johannes Klein: Geschichte der deutschen Novelle von Goethe bis zur Gegenwart, Zürich 1998. Der gemäßigte Realismus: Realistisches Detail und klassische Symbolhaftigkeit. Wiesbaden 1960, S. 380, 382. – *August Langmesser:* Conrad Ferdinand Meyer. Sein Leben, seine Werke und sein Nachlaß. Berlin 1905, S. 379; vgl. S. 60 f.

Kommentar II

Sequenzen zu erzählen, die auf seiner novellistischen Kontrastästhetik gründen, ein Resultat seiner kreativen dichterischen Einbildungskraft und produktiven Erzählkunst. Durch ihr angedeutetes Profil erhält die Titelfigur innerhalb der Konfiguration des Novellentextes eine isotopiekonstitutive, dominante Position und Funktion: Stemma, Tochter eines Richters, wird von ihrem Vater zur Ehe mit einem ungeliebten, geschiedenen Aristokraten gezwungen, der seine erste, alternde Ehefrau, die Mutter Wulfrins, in ein Kloster verstoßen hat. Vor der erzwungenen Eheschließung verband Stemma eine verheimlichte Liebesbeziehung mit einem jungen Kleriker; in traditionsverbundenen Normen und Konventionen befangen, erweist sich Peregrin für eine gemeinsame Flucht mit der schwangeren Geliebten als zu schwach; beim Liebeserlebnis von Stemmas Vater überrascht, wird der Kleriker, um den Schein der Familienehre zu wahren, als rivalisierender Nebenbuhler erwürgt. Nachdem Comes Wulf den gewaltsamen Tod des Schwiegervaters gerächt hat, wird der verachtete, gehasste Ehemann auf Burg Malmort durch einen Begrüßungstrunk seiner Ehefrau vergiftet, dessen tödliche Mixtur ihr Geliebter, der junge Kleriker, ebenso hergestellt hat wie ein nur für die Geliebte bestimmtes wirksames Gegenmittel; die Grabstätte des Vergifteten, als Mahnmal stets präsent, liegt auf dem scheinbar befriedeten Burghof. Die junge, heißblütige Palma, der die Witwe Stemma das Leben schenkte, liebt ihren vermeintlichen Bruder Wulfrin, der einer rauschhaften Liebesleidenschaft für seine angebliche Schwester verfällt. Schließlich gesteht Stemma am Grabe des ermordeten Gatten ihren Giftmord durch einen als Selbstgespräch artikulierten 'inneren Monolog', den ihre Tochter erlauscht, so dass sie einen schweren Schock erleidet und schwer erkrankt.

Die streng, aber gerecht richtende, als untadelig geltende Richterin erscheint durch ihr Geständnis als *magna peccatrix*, die sich schließlich selbst richtet: Die Richterin vollstreckt ihre Selbstjustiz ostentativ vor den Augen des eigentlich um Hilfe angerufenen Kaisers, indem sie das Giftfläschchen austrinkt (womit sie ihren verhassten Ehemann vergiftete), um ein öffentliches Gerichtsurteil zu vermeiden.

„Schuld und Unschuld, Tod und Erlösung, Mord und Liebe sind auf Malmort untrennbar miteinander verbunden." (H. Wysling / E. Lott-Büttiker (Hg.): C. F. Meyer. 1825–1898. Zürich 1998, S. 372).

Zu den hochdramatisch inszenierten Szenen-Sequenzen der Novelle, an denen sich Meyers novellistische Kontrastästhetik exemplarisch konkretisieren lässt, gehört Wulfrins 'Schlucht'-Halluzination, die eine archaische Dystopie vorführt:

„Er betrat eine Hölle. Über der rasenden Flut drehten und krümmten sich ungeheure Gestalten, die der flammende Himmel auseinanderriß und die sich in der Finsternis wieder umarmten. Da war nicht mehr von den lichten Gesetzen und schönen Maßen der Erde. Das war eine Welt der Willkür, des Trotzes, der Auflehnung. Gestreckte Arme schleuderten Felsstücke gegen den Himmel. [...] Wulfrin aber schritt ohne Furcht, denn er fühlte sich wohl unter diesen Gesetzlosen. Auch ihn ergriff die Lust der Empörung, er glitt auf eine wilde Platte, ließ die Füße überhangen in die Tiefe, die nach ihm rief und spritzte, und sang und jauchzte mit dem Abgrund." (XII, 215).

Tief im Tartaros, wo frevelhafte Titanen tierisch brüllen und wüten, trifft Wulfrin auf die ihm aus erotischer Leidenschaft gefolgte Palma: „warum fliehst du mich? Siehe, ich muß dir folgen; es ist stärker als ich! [...] Töte mich lieber! Ich kann nicht leben, wenn du mich hassest!" Mitten im schwefelgelben, diffusen „Gewitterlicht" – eine der wettermetaphorisch illustrierten Szenen – gesteht Wulfrin, nach sinnverwirrter Abwehr und gewalttätigem Angriff, der sie an ihrer Stirne verletzt, schließlich seine Liebesleidenschaft, bezichtigt sich aber der verbotenen Geschwisterliebe: „Ich begehre die Schwester!" Seine sexuelle Leidenschaft impliziert die Bereitschaft zum Inzest; sie hat die vitalen Liebenden an den Rand des 'Abgrunds' gebracht: Wulfrin „erschrak vor dem lauten Wort seines Geheimnisses. Es jagte ihn auf und er floh vor sich selbst. Schweres Rollen erschütterte den Grund, als öffne er sich, ihn zu verschlingen." Wulfrins 'Schlucht'-Halluzination wird als Tartaros, als chaotische Unterwelt des Grauens, hochdramatisch inszeniert:

> Die beiden Szenen, die eine im Traum, die andere in äußerster seelischer Bedrängnis erlebt, machen die archaische Gewalt von Eros und Thanatos sichtbar. Liebe, Tod, Mord und Wahnsinn brodeln im Abgrund, und es gibt kein Gesetz, [...] das sie bändigen könnte[2].

Auch die sprachlich extreme Expressivität dieser dramatischen Inszenierung des Grauens erscheint als Resultat novellistischer Kontrastästhetik, die sich auch an der Wanderung der Liebenden zum See bei Pratum als *locus amoenus* konkretisieren lässt: Hier erblicken Palma und Wulfrin über dem seltsam „gründunkelklaren Gewässer" ihr Spiegelbild, ein Kontrastbild zur bedrohlichen, „rasenden Flut" der Unterwelt. An diesem zauberhaften Ort gesteht Palma ihre Liebe zu Wulfrin, indem sie ihn umarmt und küsst; ihre Sympathie beweist schon die Befreiung Wulfrins als Geisel durch ihre Zahlung des Lösegeldes an räuberische Lombarden. In idyllischer Landschaft glückt ihr anscheinend harmonisches Liebes-Erlebnis durch körpersprachliche Gebärden und erotische Gesten – trotz gemeinsamen Glücksgefühls erschrickt das Liebespaar vor der unerlaubten Liebesbeziehung. Das gestörte idyllische Genrebild der Paarkonstellation erscheint daher nicht ungetrübt als Glücksort der Liebenden, strukturell als Gegenwelt zur chaotischen Unterwelt des Tartaros – „Meyer wahrt die bildhafte

---

2 Vgl. *H. Wysling / E. Lott-Büttiker* (Hg.): C. F. Meyer. Ebd., S. 373–374.

Schönheit noch in der Schilderung des elementar Unschönen"[3]. Über seinen Novellenplan berichtete Meyer im Brief vom 16. Januar 1884 Johann Jakob Hardmeyer: „Für 1884 habe ich – force majeure vorbehalten – eine längst geplante und längst der Rundschau versprochene Novelle: die Richterin auf dem Webstuhle, welche mein Frühjahr oder darüber aufzehrt." Die editionsphilologischen sowie historisch-kritischen Forschungen zur Entstehungsgeschichte der Novelle dokumentieren einen diskontinuierlichen Schreibprozess. Erste handschriftliche Entwurfsskizzen datieren aus dem Zeitraum von 1881–1883 (XII, 353), die Meyer mit dem provisorischen, vorausdeutenden Arbeitstitel *Magna peccatrix* überschrieb. In den Wintermonaten 1883/1884 entstanden vermutlich die Entwurfsskizzen, die der Dichter seinem Vetter und Sekretär Fritz Meyer diktierte, zu denen er Korrekturen und Anmerkungen notierte.

Der Novellist plante zunächst, den Hof des Staufen-Kaisers Friedrich II. (1194–1250) in Sizilien als historischen Schauplatz seiner konfliktreichen Novelle darzustellen. Der Erwerb Siziliens unter Kaiser Heinrich VI. führte zum Entscheidungskampf gegen den territorialen Machtanspruch des Papstes, in dem sein Sohn Kaiser Friedrich II. unterlag, der 1227 von Papst Gregor IX. gebannt, 1245 durch das Konzil von Lyon als König von Sizilien abgesetzt wurde, wo er einen Beamtenstaat gegründet hatte. Dem quellenhistorischen Forschungsbericht von Elisabeth Lott-Büttiker zufolge fand und entlehnte Meyer die historischen Personennamen der Richterin und ihrer nichtehelichen Tochter aus Friedrich von Raumers *Geschichte der Hohenstaufen und ihrer Zeit*.

Die Mythen der griechischen Antike bilden einen bedeutsamen historischen wie symbolischen Hintergrund der Novelle: Comes Wulf und Kleriker Peregrin charakterisiert ihre Affinität zur mythischen Unterwelt; im Kontrast zum schmalen Gebirgsfluss mit dem hohen Wasserfall in Nordarkadien erzeugt die „rasende Flut" ein schreckliches, bedrohliches 'Hades'-Bild. Ausgewählte Beispieltexte fundieren den historischen und zugleich symbolischen Kontext der Novelle: Bei dem nicht ungetrübten Mahl von Graciosus, Wulfrin und Palma auf dem Kastell in Pratum wird die Geschwisterliebe anspielungsreich erwähnt, die einst der weltstädtisch-elegante, oft frivole Stilist Ovid erzählte (*Metamorphosen* IX, Verse 450–665) – ein konnotativ erwähnter Beispieltext für die (teils verborgene) literarische Intertextualität der Novelle, die beispielsweise auch durch die

---

3   Johannes Klein: Conrad Ferdinand Meyer. Grundlagen von Meyers Erzählkunst. In: Johannes Klein: Geschichte der deutschen Novelle von Goethe bis zur Gegenwart. Der gemäßigte Realismus: Realistisches Detail und klassische Symbolhaftigkeit. Wiesbaden 1960, S. 380–382, bes. S. 380.

deutliche literarische Anspielung auf den ersten Prozess gegen Jesus aus Nazareth vor Pontius Pilatus in den neutestamentlichen Schriften entsteht – eine angedeutete Kritik an der „Frohbotschaft"[4].

Im Winter 1883/1884, als sich der Dichter intensiver mit dem Novellenplan beschäftigte, bevorzugte er schließlich die bizarre Naturlandschaft Hohenrätien als symbolisierten Schauplatz zur Zeit nach der Salbung und Proklamation des fränkischen Königs Karl zum Kaiser des Abendlandes im Jahr 800, des erst im 9. Jahrhundert so benannten „Heiligen römischen Reiches deutscher Nation", der politischen Repräsentationsgestalt des Kaiserreichs, und entschied sich für den figuralen Novellentitel *Die Richterin* – Meyers Erzählung gewann nicht nur an historischer Kontur, sondern zugleich an symbolischer Signatur. Der *figurale Realismus* namhafter Schriftsteller aus der zweiten Hälfte des 19. Jahrhunderts erscheint nicht nur als eine Variante, sondern vielmehr als eine der facettenreichen psychologischen Signaturen des deutschsprachigen 'Literarischen Realismus'.

Die erzählte Zeit um 800 und den ausgewählten Novellen-Schauplatz hat Meyer erstmals im Brief vom 20. Februar 1884 an Louise von François angedeutet, wobei seine Projektion einer Lokalisierung des neuen Novellen-Sujets in der fernen Fremde Asiens als Reflex seiner kontrastierenden dichterischen Einbildungskraft erscheint:

> [...] mich beschäftigt etwas Neues, kein ungefährliches Thema. Daß ich es wiederum in die alte Zeit (Charlemagne) verlege, hat seinen Grund darin, daß ich für meine etwas großen Gestalten eine geräumige Gegend und wilde Sitten brauche und nun will ich doch lieber ins Mittelalter als nach Asien gehen.

Die Entscheidung für den definitiven zentralen Novellen-Schauplatz – das hoch aufragende Gebirgsmassiv mit der Burg *Hohenrätien* und die abgrundtiefe Viamala-Schlucht des Hinterrheins im Kanton Graubünden – begründete der Dichter noch in einem Brief vom 20. Oktober 1885 an Hermann Lingg:

> Ich habe die ersonnene Fabel erst in Sicilien u. unter Friedrich II spielen lassen wollen, dann aber – es ist eine Gewissensgeschichte – um eines strengeren Hintergrundes willen – in das Gebirg u. unter Charlemagne versetzt.

Die historische und geografische Lokalisierung des Schauplatzes kennzeichnet die symbolische Struktur und Funktion der Novelle, denn die Viamala-Schlucht kontrastiert mit dem steil aufragenden Felsmassiv über Hohenrätien, wo die juristischen und moralischen Probleme und Konflikte der Erzählung dramatisch

---

4   Matthäus-Evangelium 27, 24. – Vgl. Johannes-Evangelium 19, 13. – Literatur-Information: *C. F. Meyer. 1825–1898*. Herausgegeben von H. Wysling und E. Lott-Büttiker. Zürich 1998, S. 379–390, hier S. 383–384; *Friedrich von Raumer: Geschichte der Hohenstaufen und ihrer Zeit*. 2. Auflage. Leipzig 1840/1842.

inszeniert werden. Auf dem Felsen mit der Burg *Hohenrätien* hat der Dichter auch sein Gedicht *Alte Schrift* angesiedelt (I, 143).

Gleichwohl zeigt die Handlungsprogression der Novelle, dass Szenen-Sequenzen unabhängig vom zentralen Handlungsort dargestellt werden: Durch diese Isotopienmodulation verschiebt der Novellist das Spannungsfeld der erzählten Probleme und Konflikte. Die literarische Landschaftsgeografie, den Schauplatz des Gebirgsmassivs und der Viamala-Schlucht, transformiert und kontrastiert die produktive literarische Einbildungskraft des Novellisten durch einen mythischen Raum, der im Medium des Traums und der griechischen Mythen entsteht. In der bizarren Alpen-Landschaft wird Malmort durch die mythenschaffende Einbildungskraft des Novellisten zum Übergangsraum transformiert, den ein Fluss unterspült, der (lebens-) gefährlich wird: das vermeintlich feste Fundament der Tatsachen wird unsicheres Terrain, die Welt der Tatsachen erscheint dubios, wird zum Ort der Gefahr, der Bedrohung durch Unheil, zum Ort von Schrecken und Angst, zum Ort des Grauens, denn in der ganzen Gegend herrscht Gewalt. Malmort erweist sich als Ort des Verbrechens, als *locus terribilis* – „das Gebälk von Malmort" wird einst die lodernde „Brautfackel" niederbrennen, *wenn* das Liebespaar Wulfrin und Palma andernorts heiratet und Hochzeit feiert.

Dem biografischen Bericht seiner Schwester zufolge war Meyer von Jugend auf mit der politischen Bedeutung und epochalen Geltung des karolingischen Kaisers in der Mitte des Abendlandes vertraut. Die Kaiserproklamation des fränkischen Königs am zweiten Weihnachtsfesttag des Jahres 800 sollte die Verbindung von Schwert und Kreuz, das Bündnis zwischen Kaisertum und Papsttum stabilisieren: Der von Papst Leo III. angeblich in göttlichem Auftrag verliehene Kaiser-Titel sollte vor allem den militärischen Schutz des Papsttums garantieren.

> Karl der Große ist ein Kaiserbild, mit dem mein Bruder vertraut war, als er noch keine Weltgeschichte lesen konnte. Ist es doch hoch in der Nische des einen unserer beiden Großmünstertürme zu schauen! Uralt, die Krone auf dem Haupte, das Schwert über die Knie gelegt, thront da in Stein gehauen seit vielen Jahrhunderten Carolus Magnus, weit erhaben über den wimmelnden Gassen und Brücken der Stadt. Dieser Kaiser Karl beschäftigte lebhaft unsere Kindergedanken. Erzählt doch die Sage, er habe auf der Hofstatt, wo später das Münster erbaut wurde, auf seinem Durchzuge nie versäumt, Gericht zu halten über alles Unrecht, das vor seinem heiligen Stuhle verklagt wurde. [...] Wiederum viel später, als für meinen Bruder die Romantik verschwunden war und der Geschichte Raum gegeben hatte, freute sich C. F. Meyer, diese mächtige und klare Herrschergestalt als den Organisator und Ge-

setzgeber des Reiches durch Guizot näher kennen zu lernen, der sich in seiner „Histoire de la Civilisation en France" eingehend mit der Zeit Karls des Großen beschäftigt[5].

Markiert das Jahr 800 durch die Kaiserkrönung des fränkischen Königs eine historische Zeitenwende in der abendländischen Geschichte, so galt der karolingische Kaiser im „Heiligen römischen Reich deutscher Nation" politisch als Imperator und kulturell als Reformer, besonders als Garant der Rechtspflege: Als Anwalt geltenden Rechts erschien der Kaiser über jeden Verdacht der Korruption des Rechts erhaben und wurde als Repräsentant der Gerechtigkeit mythisiert, durch die enthusiastische Stimme des Volkes, repräsentiert durch den jungen Hirten Gabriel, illusionserzeugend glorifiziert: „Er hat die Weltregierung übernommen und hütet, ein blitzendes Schwert in der Faust, den christlichen Frieden und das tausendjährige Reich". Die von Chlodwig (466–511) als Gründer des fränkischen Reichs gestifteten Traditionen setzte der karolingische Kaiser Karl im Stil der römischen Imperatoren fort und beherrschte schließlich fast den ganzen abendländischen Kontinent. Die Eroberung und Unterwerfung der Länder Thüringen und Sachsen erfolgten primär aufgrund der territorialen Expansionspolitik des karolingischen Herrschers, mit der sich seine Steuer- und Kulturpolitik verbanden: Kaiser Karls Machtpolitik zentralisierte sein abendländisches Imperium durch die Allianz von Kreuz und Schwert. Den germanischen Stamm der verstreut siedelnden, heidnischen Sachsen zwang der „Sachsenschlächter" gewaltsam zum monotheistischen Glauben des Christentums. In dem über 30 Jahre dauernden Glaubenskrieg bändigte Kaiser Karl die als gottlose „Götzendiener", als barbarische Heiden verschrienen Sachsen, die sein martialisch ausgerüstetes Heer aus ihrer angestammten Heimat vertrieb, zwangsweise nach Franken umsiedelte und ihr Land seinen treuen Gefolgsleuten übereignete. Trotz der gewaltsamen Unterwerfung, trotz der erzwungenen Taufe konnte der Religionsfrevel des fränkischen Kaisers die Naturreligion der Sachsen nicht vernichten, die sie gegen den erzwungenen Glauben des Christentums als resistent erwies.

Von seinem Vater enttäuscht, verließ der erst siebenjährige Wulfrin, Sohn des kaiserlichen Statthalters Wulf, die rätische Heimat seiner Jugend und zog nach Rom, einst glanzvollste Stadt des Abendlandes inmitten einer vulkanischen Kuppenlandschaft im Tibertal. Das Zentrum der antiken Welt verlor jedoch unter Karls Regentschaft seine kontinentale kulturelle Bedeutung und Geltung – ein entscheidender Grund für die von ihm initiierte Bildungsreform: die Grundlegung der abendländischen Kulturtradition durch die Einheit von antiker Kultur

---

5   Conrad Ferdinand Meyer. In der Erinnerung seiner Schwester *Betsy Meyer*. Berlin (Gebrüder Paetel [Dr. Georg Paetel]) 1903, S. 173–174.

Kommentar II   113

und Christentum zu stiften. Nachdem Wulfrin die von dem allseits geachteten Gelehrten Alcuin geleitete Palastschule absolviert und am Kriegsdienst gegen die Sachsen und Sarazenen teilgenommen hatte, wurde er von der Witwe des plötzlich, unter ungeklärten Umständen verstorbenen Comes wegen der zu regelnden Erbschaft aufgefordert, nach Rätien zurückzukehren, um durch den Freispruch vom Verdacht aller Schuld am rätselhaften Tod ihres Gatten den Familienbesitz zu schützen und zu erhalten. Im Gefolge des im Jahr 800 von Papst Leo III. in Rom zum Kaiser gesalbten Frankenkönigs Karl erhielt Wulfrin den Befehl, ihm über die in Rätien marodierenden langobardischen Horden des Herzogs Witigis Bericht zu erstatten, gegen die ihn die Richterin Stemma um Hilfe angerufen hat.

Die jugendliche Palma erfreut die erste Begegnung mit ihrem angeblichen Stiefbruder; sein Charakterbild erzählen der schwärmerischen Jugendlichen vor allem Erinnerungen. Als Wulfrin, nach einer Geiselnahme durch langobardische Räuber, nach einer Erpressung von Lösegeld, das Palma voll Sympathie aufbringt, auf Burg Malmort erwartet wird, bedrängt Stemma ein Albtraum: in einem Zwiegespräch mit dem jungen Kleriker namens Peregrinus hört sie von dessen Vaterschaft ihrer Tochter Palma, den Stemmas Vater sadistisch ermordete, um ihre Ehe mit dem kaiserlichen Statthalter Wulf zu ermöglichen; seine wichtigsten Amtsgeschäfte bestanden in der Rechtsprechung und im Steuereinzug. Beim höfischen Begrüßungsritual verhinderte Stemma, dass Palma ihrem Stiefbruder den Wulfenbecher mit köstlichem Wein reicht; diese Geste blieb traditionell nur dem heimkehrenden Aufsitzer der Burg vorbehalten.

Die amtierende Richterin rät Wulfrin, auf sein Erbteil nicht zu verzichten, um später das Richteramt zu übernehmen und die Familientradition zu erhalten. Außerdem sollte Rätien vor räuberischen und marodierenden Langobarden befriedet werden. Insofern scheint der novellistische Schauplatzwechsel auch durch die politisch relevante Erzählstrategie des Novellisten motiviert, die ausgewählte historische Zeitgeschichte zu problematisieren, die eine notwendige regionale Friedensstiftung zur politischen Stabilisierung des karolingischen Imperiums erforderte.

Auf der gemeinsamen Werbung um den verzagten Bischofsneffen Graciosus von Pratum als den von Stemma ausgewählten Bräutigam Palmas, verlieben sich die vermeintlichen Halbgeschwister Palma und Wulfrin. Innerhalb der Konfiguration des Novellentextes fungiert Graciosus, als Bischofssohn verspottet, als episodenhafte Kontrastfigur zum couragierten, vitalen Grafensohn Wulfrin. Im Augenblick der indirekten, altruistischen Liebeserklärung Palmas empfindet Wulfrin ein unabweisbares Liebesgefühl. Vor der verbotenen Geschwisterliebe erschreckend, flieht Wulfrin nach einem beiderseits zornigen Zwist in eine schreckliche Schlucht, wohin ihm die heißblütige Palma nachschleicht. Den gewaltsamen Zwist und die psychische Situation der verwirrten Liebenden, versinnbildlicht die mythische Natur-Landschaft einer grauenvollen Unterwelt. Das Wechselwirkungsverhältnis dramatisch inszenierter Naturphänomene und emotionaler Empfindungen und Erlebnisse referiert *und* kommentiert der realistisch-kritische Erzähler. Von fast wahnsinnigen Gefühlen übermannt, trägt Wulfrin die ohnmächtige Palma zur Burg. Der ihm ahnungsvoll und geängstigt, mit ausgestreckten Armen entgegen eilenden Stemma – ihre ostentative Gebärdensprache deutet auf ihren das Schlimmste befürchtenden Mutterinstinkt, mit dem sie Wulfrin durch die besorgte, zugleich vorwurfsvolle Frage konfrontiert: „wo hast du Palma?", um ihre ohnmächtige Tochter zu umarmen. Nachdem Wulfrin im freien Feld übernachtet hat, findet ihn seine Stiefmutter, der er seine Liebe zu Palma gesteht, doch ihr mit stierem Blick die problematische Frage stellt: „Ist sie meine Schwester?", die seine Mutter illusionslos beantwortet: „Wie sonst? Ich weiß es nicht anders". Als Stemma ihrem Stiefsohn rät, das begehrte Vergessen seiner problematischen Liebesleidenschaft im Militärdienst oder auf der Seefahrt zu suchen, erwidert Wulfrin trotzig und unnachgiebig:

> Dann ist mein Haupt verwirkt und jeder meiner Atemzüge eine Sünde. [...] Ich bin mit ihr vermählt ewiglich [...] Du sollst mich richten und verurteilen. Am lichten Tag unter allem Volk will ich den Greuel bekennen und die Sühne leisten.

Dieser moralische Rigorismus charakterisiert Wulfrins psychische Grenzsituation; die erfahrene Richterin reagiert allerdings parteiisch, indem sie ihrem Stiefsohn versichert: „Solche verborgene Dinge bekennt man nicht am Tage, denn du bist ein Verbrecher nur in Gedanken. Die Tat aber und nur die Tat ist richtbar." Wulfrins Absicht, in dieser anscheinend ausweglosen Krise sogar den Kaiser als obersten Richter anzurufen, verwirft die Richterin mit einer rhetorischen Frage, die ein kritisches und zugleich bestechendes Urteil impliziert: „So mangelt dir der Verstand und die Kraft, das Geheimnis der Sünde zu tragen?"

Konfus schleicht sich Wulfrin nachts an das Grab seines Vaters auf dem Burghof; an den Rand der Verzweiflung getrieben, stellt er in einem 'inneren Monolog' die entscheidende Frage, ob Palma wirklich seine leibliche Schwester sei – ein mythischer Volksglaube hofft die raunende, verstehend-helfende Stimme der Toten aus dem Grab, aus dem Schattenreich zu vernehmen:

> Ich will ihn rufen. Vielleicht antwortet er. Es ist ein Glaube, daß der Tote aus dem Grabmal mit seinen Kindern redet. Ich wage es! Ich blase ihn wach! Dann frage ich nichts als: Vater, ist Palma dein Kind? Redet er nicht, so nickt er wohl oder schüttelt das Haupt.

Wulfrins Totenbeschwörung stört durch ein weit schallendes Horsignal die unbedingt geltende und einzuhaltende Nachtruhe, weshalb er die züchtigende

Schelte der Richterin wegen des Vergehens der Störung der Nachtruhe auf sich zieht: „Er stört die Nacht! Er verwirrt Malmort! Er schreckt das Land auf! Das leide ich nicht! Ich verbiete es ihm! Ich bringe den Empörer zum Schweigen." Am Grab des von ihr gehassten Ehemanns konfrontiert die Richterin den von ihr Ermordeten mit ihrem Bannfluch:

> „Arglistiger, was peinigst du mein Ohr und bringst mein Reich in Aufruhr? Ich weiß worüber du brütest, und ich will dir Rede stehen! Keine Maid hat dir der Judex gegeben! Ich trug das Kind eines andern. Du durftest mich nie berühren, Trunkenbold, und am Siebenten begrub dich Malmort! Siehst du dieses Gift?" Sie hob das Fläschchen aus dem Busen. „Warum ich leben blieb, die dir den Tod kredenzte? Dummkopf, mich schützte ein Gegengift! Jetzt weißt du es! Palma Novella unter meinem Herzen hat dich umgebracht! Und jetzt quäle mich nicht mehr!"

Stemma, die Wulfrins Monolog belauscht hat, führt ebenfalls ein Selbstgespräch über ihren Gatten-Mord und gesteht außerdem, dass Palma nicht dessen Kind ist. Das als 'innerer Monolog' artikulierte Geständnis des Gattenmordes soll anscheinend eine (entschuldigende?) Entlastung von ihrem fünfzehn Jahre zurückliegenden mysteriösen Mord bewirken. Bei diesem Selbstgespräch wird Stemma ihrerseits von ihrer Tochter Palma belauscht, die daraufhin einen schweren Schock und gesundheitliche Beschwerden erleidet. In die ungelernte Richterrolle gedrängt, erfüllt Wulfrin die suggestive Weisung seiner Stiefmutter, sie öffentlich von der Schuld am Tode des Vaters freizusprechen. Aufgrund der von Wulfrin mit quälenden Schuldgefühlen erlebten erotischen Liebesleidenschaft zu seiner Stiefschwester Palma, erhebt er eine Selbstanklage, indem er sich selbst des Inzests bezichtigt.

Als der von Stemma in dieser verworrenen Situation um Hilfe angerufene karolingische Kaiser beim prächtigen Einzug auf Burg Malmort das Gerichtshorn bläst, erschrickt das versammelte Volk, „als nahe ein plötzliches Gericht". Karls Mythisierung als „Gerechter" wird jedoch durch den Gerichtsprozess problematisiert, indem er seine richterliche Funktion an eine korrupte, schuldige Richterin, an eine ihren Gattenmord verheimlichende Verbrecherin delegiert, erscheint die volkstümliche Glorifizierung des Kaisers als „Gerechter" als dubios – durch seine Selbstschutzstrategie demonstriert der Kaiser seine politische Entscheidungskompetenz, indem er in Anwesenheit des Publikums seinen Nimbus als Garant der Rechtpflege und des Rechts wahrt. Der Kaiser als oberster Richter seines Reiches hält das Richteramt in Ehren, wenn er der amtierenden Richterin Vertrauen versichert: „Wärest du eine andere, als die du scheinest, und stündest du über einem begrabenen Frevel, so wäre deine Waage falsch und dein Gericht eine Ungerechtigkeit." Doch kann Stemma, nach ihrem schweren Verbrechen, als unbefangene Richterin strafbare Delikte richten?

Erst die Ermittlung und Aufdeckung der scheinbar längst vergangenen Familienprobleme entzerrt die verworrenen gegenwärtigen Verhältnisse. Die Zeitstruktur der Novelle, die erzählte Zeitgeschichte, entsteht aus zwei Zeitebenen: Scheinbar vergangene unerhörte Begebenheiten, die sich in gegenwärtigen problematischen Lebensverhältnissen auswirken. Das Zeitenverhältnis von scheinbarer Vergangenheit und Gegenwart bewirkt also ein komplexes Spannungsverhältnis der dramatisch inszenierten Probleme und Konflikte, das auch aus der vom Novellisten mit Raffinement kalkulierten Handlungskategorie des 'Zufalls' resultiert, der durch die dichterische Einbildungskraft des Novellisten handlungssteuernde Funktion erhält und parallelisiertes Geschehen ermöglicht.

Der junge Kleriker Peregrinus, von ihm erwartet Stemma ein Kind, wurde von ihrem Vater sadistisch erwürgt, um den Schein der Familienehre und den Familienbesitz zu wahren und die Ehe mit dem kaiserlichen Statthalter Wulf zu erreichen. Die voreheliche Schwangerschaft verbergend, heiratete Stemma gezwungenermaßen den trunksüchtigen, ungeliebten und verachteten Comes Wulf, der sie geringschätzte und entwürdigte. Die junge Palma wird zufällig Zeugin des Geständnisses ihrer Mutter am Grab des von ihr vergifteten Ehemanns, das die vitale Palma traumatisiert. Um die Liebes- und Lebensgemeinschaft ihrer einzigen Tochter mit Wulfrin zu ermöglichen, gesteht die Richterin in Anwesenheit des Kaisers ihren Gatten-Mord und vergiftet sich, indem sie den Giftbecher austrinkt, mit dem sie vor fünfzehn Jahren ihren Ehemann vergiftete – ein novellistisch inszeniertes Selbstjustizdrama an den Grenzen der Literatur der Moderne. Meyers symbolische Erzählkunst (zuerst nur schwer durchschaubarer) komplexer Beziehungsprobleme und Spannungsverhältnisse kennzeichnet die Sonderstellung dieser facettenreich erzählten und kommentierten Novelle in seinem erzählerischen Werk.

Ob die Schuld der Eltern durch die Liebe der Kinder versöhnt werden kann, bleibt eine moralische Problemfrage der Novelle; nicht nur die Richterin, auch der von ihr Ermordete hat sich als schuldig erwiesen, indem er Wulfrins alternde Mutter in ein Kloster verstieß und infolge seiner Trunksucht die Ehefrau entrechtet und entwürdigt hat.

Kommentar II

Erfundene historische Zeitgeschichte in novellistischen Konflikt-Konstellationen

Die Richterin trage ich 10 Jahre mit mir herum: sie ist aus 10erlei Combinationen herausgewachsen[6].

Über den diskontinuierlichen Schreibprozess der durch arbeitsintensive und zeitaufwändige historische Studien entstandenen Novelle berichtete der Dichter im Brief vom 19. März 1884 an Julius Rodenberg, den Herausgeber und Redakteur der „Deutschen Rundschau":

> Meine neue Novelle, nicht umfangreich, aber schwer (die Richterin. Zeit: Charlemagne) rückt schrittweise vor, ich muß zeitweise die Natur wirken lassen. Auch schreibe ich sie, so viel ich vermag, ohne Adjective u. ursprünglicher als den überladenen Renaissance-Mönch. Im Mai werde ich berichten. Ein eventuelles Erscheinen der Novelle im Hochsommer (Juli oder August [1884]) wäre mir ganz recht. Doch davon, wenn ich fertig sein werde.

Dennoch konnte der Dichter die komplexe Novelle im geplanten Zeitraum nicht bewerkstelligen, so dass sich deren Publikation mehrmals verzögerte. Anna von Doß berichtete ihren Kindern in einem Brief vom 10. Mai 1885 über ihren Besuch bei C. F. Meyer in Kilchberg und über die komplizierte Entstehungsgeschichte der Novelle, deren werkgeschichtlichen Stellenwert der Dichter konzis kommentierte:

> Dann erzählte er mir von der Richterin, die, wie er hofft, sein Bestes werde; jetzt hält er den Heiligen dafür. [...] „es wird gut, ich hoffe, es wird gut." [...] „Die Richterin trage ich 10 Jahre mit mir herum: sie ist aus 10erlei Combinationen herausgewachsen, jetzt sehe ich sie vor mir, Zug um Zug, jetzt könnte ich nicht das Geringste mehr verändern, denn jetzt glaube ich an sie".

Im Zusammenhang mit einer angedeuteten typologischen Gegenüberstellung der Novellistik Gottfried Kellers und C. F. Meyers konstatiert Johannes Klein, einen „großen europäischen Zug" dieser Novelle, der leider nicht durch Vergleiche mit literarischen Paradigmen der europäischen Literatur konkretisiert wird; schon August Langmesser hat kontrastiv auf „die ihr geistesverwandte Lady Macbeth" und zugleich auf die ethische Dimension der Novelle hingewiesen:

> Offen bekennt der Dichter seine ethische Weltanschauung, die [...] an dem *jus talionis*, dem Vergeltungsrecht, festhält, Sühne für Schuld fordernd. [...] Er läßt die Richterin, die die Kraft in sich birgt, das Geheimnis der Sünde zu tragen, sich selber richten: dasselbe Gift, mit dem sie ihren Gatten getötet, scheidet auch sie vom Leben. Stemma ist Meyers mächtigste Frauengestalt, die er geschaffen. [...] während

---

6 C. F. Meyer im Gespräch mit Anna von Doß im Mai 1885 in Kilchberg.

die Gewissensqual den Geist der letzteren verrückt, behält Stemma ihre unverwirrbare Stirne bis zum letzten Atemzug[7].

Die Strukturierung der Novellenhandlung in fünf Kapitel markieren Erzähleinschnitte. Meyers novellistische Charakterisierung der historischen Zeitsituation erzeugt ein (schwer durchschaubares) komplexes Spannungsverhältnis von scheinbar vergangenen Beziehungskonflikten einer historischen Privatgeschichte, deren verborgene kriminelle Realität durch den novellistischen Erzählprozess in der gegenwärtigen Novellenhandlung sukzessiv rekonstruiert und kommentiert werden. In seiner symbolisierten Liebes- und Konfliktnovelle präsentiert Meyer psychologisierte Beziehungsprobleme einer durch seine kreative dichterische Einbildungskraft erfundenen historischen Zeitgeschichte in novellistischen Konflikt-Konstellationen.

Im Juni 1885 überließ Meyer das Novellen-Manuskript seinem Vetter Dr. iur. Fritz Meyer, vom Herbst 1879 bis Herbst 1889 als sein Sekretär beschäftigt, so dass er Johann Rudolf Rahn am 16. Juli 1885 ziemlich erschöpft mitteilte: „Ich bin fertig, ganz fertig, bis auf die letzte Revision u. in jener wunderlichen Stimmung, wo man selbst noch nicht recht weiß, was man eigentlich gemacht hat." – „Was er webt, das weiß kein Weber.", gestand auch Heinrich Heine im zweiten Kapitel seines lyrischen Fragments *Jehuda ben Halevy* der dritten großen Gedicht-Sammlung *Romanzero*, die 1851 im Hoffmann und Campe Verlag in Hamburg erschien, in Österreich von der Zensur noch im selben Jahr verboten wurde (DHA 3, 136).

Die Erstveröffentlichung der Novelle *Der Heilige* im weitverbreiteten Literatur-Journal „Deutsche Rundschau" von November 1879 bis Januar 1880 und die prompt erfolgte Buchausgabe stabilisierte Conrad Ferdinand Meyers Anerkennung und Wertschätzung als realistisch-kritischer Erzähler im deutschsprachigen Kulturraum. Aufgrund der von Meyer erwünschten „bleibenden Verbindung" mit Julius Rodenberg erschienen von November 1879 bis November 1891 sieben Novellen in der von ihm herausgegebenen Zeitschrift „Deutsche Rundschau", mit Ausnahme der Novellette *Das Leiden eines Kindes*, die im September 1883 in Schroers „Familienblatt" publiziert wurde (MSW V, 482–484) und besonders Theodor Storms Interesse als passionierter Vater und als psychologisch erzählender Novellist auf sich zog.

---

7   *Johannes Klein:* Der gemäßigte Realismus: Realistisches Detail und klasische Symbolhaftigkeit. Grundlagen von Meyers Erzählkunst. In: Johannes Klein: Geschichte der deutschen Novelle von Goethe bis zur Gegenwart. Wiesbaden 1960, S. 382. – *August Langmesser:* Conrad Ferdinand Meyer. Sein Leben, seine Werke und sein Nachlaß. Berlin 1906, S. 376 f.

Kommentar II

Meyers Novellen-Manuskript mit dem definitiven Titel *Die Richterin* kursierte im Freundeskreis zur kritischen Problematisierung und Diskussion. Das Druckmanuskript wurde am 25. Juli 1885 an Julius Rodenberg geschickt, in dessen „Deutsche Rundschau" der Erstdruck 1885 erschien (Band XLV, October–November–December 1885, S. 1–26 und S. 161–184), die vom renommierten Berliner Verlag der Gebrüder Paetel publiziert wurde (MSW 12, 342–347). Das von Julius Rodenberg 1874 gegründete und herausgegebene Publikationsmedium galt als eine der „bestgelungenen Journalgründungen" im deutschsprachigen Kulturraum und entwickelte sich vor allem durch Erstveröffentlichungen zahlreicher Novellen, auch von Theodor Storms späteren Novellen, beispielsweise der historischen *Schimmelreiter*-Novelle (1888) und Theodor Fontanes Gesellschaftsroman *Effi Briest* (1894/1895), zur weitverbreiteten Literatur-Zeitschrift im deutschsprachigen Kulturraum. Julius Rodenberg (1831–1914) besuchte C. F. Meyer in seinem idyllischen Landhaus in Kilchberg erstmals am 30. August 1877; aufgrund des beiderseits gepflegten Kontakts reiste Rodenberg mehrmals von Berlin nach Kilchberg, ein letztes Mal am 23. Mai 1890.

Der Dichter schrieb diese Novelle auf dem 1785 gegründeten Ottschen Rebbauerngut in Kilchberg am Ufer des Zürichsees, das er im Januar 1877, ein Jahr nach seiner Heirat, mit einem bürgerlichen Landhaus und einem angrenzenden Obstgarten erworben und lebenslang bewohnt hat. Sein Arbeitszimmer mit dem originalen Mobiliar, vor allem sein schlichter Schreibtisch und seine umfangreiche Bibliothek, blieben erhalten; seine Studienbibliothek bestand aus erlesenen Werken von Dichtern der Antike, der Klassiker der deutschen und französischen, italienischen und englischen Literatur sowie ausgewählten Geschichtswerken. Hier entstanden seine erzählerisch facettenreichen Novellen, beispielsweise *Der Schuß von der Kanzel* und *Die Versuchung des Pescara*, mit denen er die zeitgenössische deutschsprachige Novellistik bis an die Grenzen zur Literatur der Moderne kreativ weiterentwickelte.

C. F. Meyers Arbeitszimmer mit umfangreicher Bibliothek kennzeichnet und vergegenwärtigt unverzichtbare materielle Bedingungen seines Berufs als freier Schriftsteller. Der erlaubte Besuch seines Arbeitszimmers mit dem originalen bürgerlichen Mobiliar (insbesondere das Kanapee und der Lehnstuhl, der Schreibtisch und die Studienbibliothek) ermöglicht Einblicke in seine Schriftstellerpraxis: Bewusst zweckmäßig eingerichtet und funktional organisiert, ermöglicht der Besuch von Meyers Arbeitsraum einen Einblick in das Studier- und Schreibzimmer des Berufsschriftstellers und darüber hinaus sozial- und kulturgeschichtlich relevante Einsichten in die materiellen Bedingungen der Erarbeitung literarischer Texte. C. F. Meyer hat eine von Literaturhistorikern schon früh genutzte, von der Witwe und Tochter betreute Sammlung hinterlassen, denen August Langmesser bereits 1904 für die erlaubte Benutzung des Nachlasses anlässlich seiner umfangreichen Werkbiografie dankte. C. F. Meyers Schwester Elisabeth Meyer, seine Beraterin, Mitarbeiterin und Sekretärin, bemerkte allerdings ironisch, sein „kleines Archiv" bestehe aus „einer weiten Schublade seines alten Schreibtisches, von der wir früher sagten, es sei alles so gut aufgehoben, daß es niemals wieder das Licht erblicke"[8].

Die erste Buchausgabe dieser Novelle in einer Auflagenstärke von 1100 Exemplaren erschien am 1. Dezember 1885 im Leipziger Verlag von Hermann Haessel, mit dem der längst anerkannte Novellist für dasselbe Jahr eine zweite Auflage vereinbarte. Von Betsy Meyer arrangiert, entwickelte sich seit Oktober 1864 ein lebenslanger Briefwechsel zwischen dem Geschwisterpaar und dem Leipziger Buchverleger, der die Geschwister im Sommer 1865 erstmals besuchte. Seit 1867 erschienen alle Bücher C. F. Meyers im Verlag von Hermann Haessel, womit der Dichter die erhoffte Anerkennung und Wertschätzung im deutschsprachigen Kulturraum erreichte; dennoch geriet der einvernehmliche Kontakt durch Meyers Misstrauen gegen den Verleger im Jahr 1875 in eine Krise, in der die Schwester, auf Initiative von Hermann Haessel, mit diplomatischem Geschick eine Verständigung ermöglichte.

Die frühe Rezeptionsgeschichte der Novelle erwies durch zahlreiche, im selben Verlag erschienene Auflagen das konstante Interesse des bildungsbürgerlichen Lesepublikums an dieser historischen Novelle: die 3. Auflage erschien bereits 1889, die 8. Auflage 1904, die 10. Auflage 1906, die 15. Auflage erfolgte im Jahr 1916. Über die einvernehmliche vertragliche Vereinbarung zwischen Verleger und Autor informiert die Publikationsgeschichte der ersten beiden Buchausgaben:

> „Der Vertrag für die Einzelausgabe – von Haessel am 26. November, von Meyer am 1. Dezember [1885] unterzeichnet – sah 1100 Exemplare und ein Honorar von Mk. 300 vor; mit der ersten Ausgabe wurde zu gleichen Bedingungen gleichzeitig eine zweite gedruckt." (C. F. Meyer: Sämtliche Werke. Historisch-kritische Ausgabe besorgt von H. Zeller und A. Zäch. Bern 1961, Bd. 12. Novellen II, S. 348).

---

8   Literatur-Information: Conrad Ferdinand Meyer. In der Erinnerung seiner Schwester *Betsy Meyer*. Berlin (Verlag von Gebrüder Paetel [Dr. Georg Paetel]). 2. Auflage 1905, S. 171–176, 196–200. – *August Langmesser:* Conrad Ferdinand Meyer. Sein Leben, seine Werke und sein Nachlaß. Berlin (Verlag von Wiegandt & Grieben), 2. Auflage 1905. – *Bodo Plachta:* Arbeitszimmer und Schreibtische. Hannover (Wehrhahn Verlag) 2021.

Der maskierte Novellist –
C. F. Meyers symbolische Schreibart.
„Die Richterin" als novellistisches Liebes- und Selbstjustizdrama

„Ich bin keineswegs ein Künstler. Im Gegenteil, ich schreibe nur dann, wenn eine moralische Begebenheit mich frappiert oder mich gar erschüttert hat; dabei streiche ich allerdings im Kunstwerk alles, was zu individuell sein könnte." (Briefe Conrad Ferdinand Meyers. Herausgegeben von Adolf Frey. Leipzig 1908, Bd. 1, S. 135).

Dem in einer Züricher Patrizierfamilie aufgewachsene Conrad Ferdinand Meyer ermöglichte nach dem Tod seiner Mutter Elisabeth Meyer im Jahr 1856 eine Erbschaft, in sozial soliden Verhältnissen zu leben, obwohl er seinen Vater Ferdinand Meyer (1799–1840) bereits als 15-jähriger Jugendlicher verlor. Literarischen Erfolg erreichte der 45-jährige Dichter zuerst 1871 mit seinem Versepos *Huttens letzte Tage*, das wie alle weiteren Buchausgaben seiner Novellen im Leipziger Verlag von Hermann Haessel (1819–1901) erschien. Durch die Novelle *Das Amulett* und den Roman *Jürg Jenatsch* erreichte C. F. Meyer erste Erfolge als realistischer Schriftsteller und avancierte vor allem durch seine historischen Novellen in den 1880er Jahren zu einem respektierten Vertreter des ›Literarischen Realismus‹. Im Rückblick hat C. F. Meyer sein Interesse an historischen Novellen begründet, um sich als Autor historischer Novellen mit zeitkritischer Dimension auf dem Literaturmarkt zu positionieren: „Ich ziehe sie dem Zeitroman vor, weil sie mich besser maskiert […]. Auf diese Art und Weise bin ich mittels einer sehr objektiven und außerordentlich künstlerischen Form vollkommen subjektiv und individuell." Aus dieser maskierten Subjektivität des Novellisten lässt sich C. F. Meyers Affinität zum 'Symbolismus' herleiten. Die Historizität der Novelle ermöglichte dem Dichter, seine Erzählung aus doppeltem Schutz mit novellistischer Andeutungskunst zu literarisieren: um seine schriftstellerische Individualität und Identität zu bewahren und das facettenreiche Aussagepotential seiner Novellen darzustellen. Die Vielfalt an zeichenhaften Bezügen (sie kennzeichnet die meisten Novellen Meyers) präsentiert sich in dieser historischen Erzählung durch die potenzierte poetische Einbildungskraft des Novellisten und die literarische Intensität der symbolischen Signaturen, die aus der Historizität des Novellenstoffs und aus der literaturhistorischen Situation der zweiten Hälfte des 19. Jahrhunderts resultieren. Daher kennzeichnet die Novellenstruktur Meyers erzählerische Affinität zu anekdotischer Historienmalerei, deren zeichenhafte Signaturen die historische Novellistik der zweiten Hälfte des 19. Jahrhunderts geprägt hat.

Meyers Verzicht auf eine juristische Beratung ermöglicht die konsequente Erarbeitung und Darstellung einer dramatischen Kriminal-Novelle; so wahrte der Novellist seinen dichterischen Anspruch auf Autonomie gegenüber juristischer

Beeinflussung. Den doppelten Gatten-Mord und das Inzest-Motiv thematisierte der Novellist aus spezifisch literarischer Perspektive als Probleme und Konflikte mittelalterlichen Menschenlebens.

Die Position und Funktion der Titelfigur, die Richterin Stemma und ihr Richteramt, werden erzählerisch problematisiert: nicht zum Richteramt ausgebildet, hat die investigativ ermittelnde und mit dem „Richtschwert" scharf urteilende Richterin Stemma das Amt als Erbteil übernommen – eine ahistorisch konstruierte Position des Richteramtes, das eine Frau repräsentiert und praktiziert, doch anscheinend vom rechtsuchenden Publikum akzeptiert wird. Rechtshistorisch wurde aus dem überlieferten Erbrecht und der regulären Erbfolge die Legitimierung des Richteramtes hergeleitet. Es hat den Anschein, ihre strenge, doch gerechte Rechtsprechung stifte zivilisierte Lebensverhältnisse, die aber durch marodierende Langobarden gestört werden. Die Praxis ihrer Rechtsprechung, besonders ihrer investigativen Prozessführung, werden angedeutet, aber kein novellistisches Darstellungsobjekt; gleichwohl wird sie durch das traditionelle Attribut der Göttin des Rechts, durch das „Richtschwert", emblematisch charakterisiert: Die scharf richtende Richterin verkündet auch Todesurteile, die vollstreckt werden. Doch Stemma wird weniger in ihren Amtsfunktionen als Richterin profiliert, sondern vielmehr in ihren persönlichen und gesellschaftlichen Verhältnissen und Beziehungen in ihren unterschiedlichen Frauenrollen charakterisiert: als entrechtete Frau, die brutale Repressionen einer erzwungenen, entwürdigenden Ehe erlitt, die kinderlos bleibt, und schließlich als Witwe, die das als Erbteil übernommene Richteramt mit dem „Richtschwert" praktiziert, vor allem in der ebenfalls problematisierten Rolle als Mutter ihrer vorehelichen Tochter Palma. Die Richterin rebelliert gegen die entwürdigende Zwangsehe. Stemma verbirgt das belastende Geheimnis ihres skrupellosen Gattenmordes, der wegen fehlender Belastungszeugen nicht aufgedeckt werden konnte. Die erotische Liebe zwischen den vermeintlichen Geschwistern Palma und Wulfrin gerät jedoch unter den Verdacht der nach germanischem Sittenkodex verbotenen Geschwisterliebe. Die Richterin verbirgt nämlich auch das Geheimnis, dass ihre Tochter nicht das Kind ihres Ehemannes, sondern ihres Geliebten, des jungen Klerikers Peregrinus, der nicht nur die Mixtur herstellt, mit der Stemma ihren verhassten Ehemann vergiftet, sondern auch das nur seiner Geliebten vorbehaltene wirksame Gegenmittel.

Nach seinem Liebesgeständnis in der Schlucht verlangt Wulfrin von der Richterin, auf der Burg Malmort einen Prozess wegen verbotener Geschwisterliebe zu eröffnen: „du selbst sollst mich richten und verurteilen". Wulfrin initiiert seine Anklage wegen 'Blutschande', indem er die Richterin nicht nur zur Eröffnung eines Prozesses, sondern sogar zu seiner Verurteilung auffordert, zugleich sein öffentliches Schuld-Geständnis und seine bereitwillige Strafverbüßung ankündigt: „Am lichten Tag unter allem unter allem Volk, will ich den Greuel bekennen die Sühne leisten". Wulfrins Charakteristik akzeptiert das Richteramt seiner Stiefmutter und ihre Funktion als Richterin: „Wärst du eine Böse, woher nähmest du das Recht und die Stirn, das Böse aufzudecken und zu richten?" Die Anklage Wulfrins, durch seine Straftat der Blutschande schuldig zu sein, hebt die Richterin durch ihr scharfsinniges, differenziertes Urteil auf: „Du bist ein Verbrecher nur in Gedanken [...] und nur die Tat ist sichtbar". Der Anklage fehlt der rechtlich relevante Sachverhalt, denn Palma ist nicht Wulfings Halbschwester, nicht die Tochter seines Vaters Wulf, sondern das vorehelich gezeugte Kind des ermordeten jungen Klerikers Peregrin; trotz seiner sexuellen Begierde, erschrickt er vor einer gemeinsamen Flucht mit seiner Geliebten.

In gravierender Schuld des Gattenmordes befangen, vermag die Richterin diesen Prozess jedoch nicht zu führen; das Richteramt garantiert noch keinen unschuldigen oder gar untadeligen Richter; gleichwohl ist ihr illusionslos bewusst, dass sie die Liebesbeziehung der Kinder nur ermöglichen kann, wenn sie zur Wahrheitsfindung durch ihr Geständnis beiträgt, das sie heimlich, an der Grabstätte des von ihr vergifteten Ehemannes am Rande des 'inneren Monologs', als Selbstgespräch artikuliert und das ihre Tochter zufällig erlauscht; das Schuldgeständnis der Stiefmutter traumatisiert die einzige Tochter, der jedoch suggeriert wird: „Mein Kind wird nicht als Zeugin gegen mich stehen" – eine kalkulierte Selbstschutzstrategie der Richterin, die sich der parteiischen Loyalität ihrer Tochter versichert.

Gleichwohl reagiert Palma nicht parteiisch verblendet, will vielmehr der Wahrheit die Ehre geben: „Wir wollen die Wahrheit bekennen!" Der Novellist enthüllt das bislang (aus Selbstschutz) verborgene Geheimnis der um ihre Liebesehe betrogenen Betrügerin am Grab auf dem Burghof als furiose Rachereaktion: „Keine Maid hat dir der Judex gegeben! Ich trug das Kind eines andern! Du durftest mich nie berühren, Trunkenbold". Stemma belastete bislang der verborgen gehaltene Betrug, ihrem Ehemann ihre Schwangerschaft vor der Heirat verschwiegen zu haben. Die als Göttin des Rechts und der Gerechtigkeit erscheinende Richterin wird als furiose Rachegöttin vorgeführt – der Novellist hat seine erzählte Kontrastästhetik auch in dieser Novellen-Szene figural konkretisiert.

Die scharfsichtig urteilende Richterin erscheint Wulfrin auch in der Rolle einer ahnungsvollen 'Seherin': „Würde laut und offenbar, dass hier während langer Jahre Sünde Sünde gerichtet hat, irre werden würden tausend Gewissen und unter ginge der Glaube an die Gerechtigkeit! Palma, du mußt schweigen!" Die Richterin wahrt anscheinend ihre rechtliche und politisch-soziale Verantwortung, indem sie für den Schutz des Rechts, der Gerechtigkeit und des Richteramtes plädiert, von dem es, im Interesse des öffentlichen Rechtsfriedens, allen Schaden abzuwenden gelte. Als die gehorsame Tochter der Richterin ihre ergebene Loyalität versichert: „So will ich schweigen!" scheint vor allem ihre Selbstschutzstrategie zu funktionieren und zu siegen[9].

In dieser verworrenen Situation beschließt die Richterin, anscheinend im Einvernehmen mit ihrer Tochter, Kaiser Karl als oberste Richterinstanz anzurufen: „Ich lade den Kaiser ein nach Malmort. Wir treten vor ihn Hand in Hand, wir bekennen und er richtet". Der auf Burg Malmort strahlend, aber zugleich skeptisch auftretende Kaiser charakterisiert die im weißen Kleid erscheinende Richterin:

> Wärest du eine andre, als die du scheinest, und stündest du über einem begrabenen Frevel, so wäre deine Waage falsch und dein Gericht eine Ungerechtigkeit. Lange Jahre hast du hier rühmlich gewaltet. Gib dich in meine Hände. Mein ist die Gnade. Oder getraust du dich, Wulfrin zu richten?

Der Kaiser verurteilt den festgestellten „Frevel", gewährt allerdings einen milden Gnadenerweis, den die schuldige Richterin als unberechtigt empfindet und konsequent ablehnt, woraufhin der Kaiser an ihr Richteramt appelliert: „Richte dich selbst!" und mit diesem Beschluss ein ungeahntes Selbstjustizdrama der Richterin auslöst: „ich werde ihn und mich richten unter deinen Augen nach der Gerechtigkeit". Vor dem Kaiser als obersten Richter und vor dem im Burghof versammelten Publikum bekennt Stemma ihre Schuld; mit ihrem Schuldspruch verbindet sie zugleich Wulfrins Freispruch vom Vorwurf schuldhafter Geschwisterliebe: „Hört! Hört! Kein Tropfen gleichen Blutes fließt in diesem Manne und in diesem Weibe".

Der Novellist räsoniert und kommentiert: „So hätte die Richterin ohne Zweifel geforscht und untersucht, wäre sie nicht Stemma und Palma nicht ihr Kind gewesen. Aber sie durfte nicht untersuchen, denn sie hätte etwas Vergrabenes aufgedeckt". Indem die befangene Richterin sich selbst „nach der Gerechtigkeit" richtet, enthüllt sie ihr bislang sorgsam verborgenes Geheimnis: „ich habe den Gatten ermordet!" Auf das Grabmal des vergifteten Comes ließ Stemma ein Epitaph meißeln, dessen epigrammatische Miniatur das Urteil des Schlusstableaus andeutet, das der Kaiser nachspricht: „*orate pro magna peccatrice*" – mit dem provisorischen, vorausdeutenden Novellentitel hatte der Novellist die ambivalente Charakterisierung der Richterin als „*magna peccatrix*" plakativ angedeutet, aber den vielfachen Sinn seiner Novelle eingegrenzt. Mit ihrem Schuld-

---

9 Vgl. *August Langmesser:* Conrad Ferdinand Meyer. Sein Leben, seine Werke und sein Nachlaß. Berlin 1905, S. 374, 376.

Geständnis verbindet die (Stief-) Mutter auch die Entlastung der vermeintlichen Geschwister Wulfrin und Palma vom Verdacht des strafbaren Verbrechens der Blutschande. Die sich selbst belastende und schuldig sprechende Richterin bedeutet und vollstreckt das „gegen sich selbst heranschreitende Verhängnis": Nach einem vom versammelten Volk geforderten 'Gottesurteil' trinkt Stemma schließlich aus demselben Giftfläschchen, mit dem sie ihren verachteten, verhassten Ehemann vergiftete, der sie entrechtete und entwürdigte. Bevor die Richterin zusammenbricht, richtet sie ihr letztes Wort bezeichnenderweise an ihren Stiefsohn Wulfrin: „Sei stark!", der die Aufforderung seiner Stiefmutter prompt durch seine couragierte Brautwerbung um Palma vor dem Kaiser und dem versammelten Volk erfüllt: „Kaiser und ihr alle", ruft er „mein ist Palma Novella!"

Im – traditionell befriedeten – Burghof, dem Ort der mahnenden Grabstätte des vergifteten Comes Wulf und angesichts der Leiche der Richterin, beschließt der Kaiser, anders als es ihm sein Ratgeber, der Gelehrte Alcuin, empfiehlt, Wulfrin solle vor einer möglichen Ehe mit der jungen, vitalen Palma zunächst einen Kriegsdienst leisten und überstehen, ohne ihm ein Lehen als Lohn zu versprechen. Wenn das Hornsignal Wulfrins Rückkehr ankündigt, dann wird Palma ihren Geliebten andernorts mit einem Becher voll Wein erwarten und zur Heirat und Hochzeit willkommen heißen – ein Kontrast zum Begrüßungstrunk Stemmas, mit dem sie den verhassten Ehemann Wulf vergiftete, der sie erniedrigte und entwürdigte, den sie mit unverhohlener Ekel-Reaktion konfrontiert und seine sexuelle Begierde abweist: „Du durftest mich nie berühren, Trunkenbold". Der von Wulfrin geerbte Wulfenbecher, aus dem der trunksüchtige Comes Wulf den vergifteten Wein nach seiner Rückkehr von einer aus Rache verbrochenen Mordtat trank, symbolisiert eigentlich die dauerhafte Treue in der ehelichen Liebes- und Lebensgemeinschaft. Stemmas Giftmord an ihrem verabscheuten, verhassten Ehemann, der sie misshandelte, erniedrigte und entwürdigte, richtet sich auch gegen dessen ungerechtes, missbilligtes Richteramt, das ihn disqualifiziert und desavouiert; denn der Mord des Richters, der den Vater seiner Enkelin erwürgt, erscheint juristisch und moralisch als schweres Gewaltverbrechen, durch das er sich der rechtlich verbotenen, strafbaren Selbstjustiz schuldig machte.

Das Verbrechen des Gattenmordes und das Fehlen des direkten Verwandtschaftsverhältnisses zwischen Palma und Wulfrin wird also erst durch das Geständnis der Richterin aufgedeckt, weil sie ihren Gatten-Mord vor der familienähnlichen Gemeinschaft auf Burg Malmort konsequent verbarg – der Novellist thematisiert spezifisch psychologische Probleme der an den Grenzen des „Poetischen Realismus" zur Literatur der Moderne erzählten Novelle. An der korrupten Richterin, die ihren heimtückischen Gattenmord als entwürdigte Ehefrau lange konsequent verschweigt, soll sich die entscheidende Instanz des Gewissens erweisen – diese psychologische Problemkonstanz erscheint als eine kaum beachtete novellistische Erzählintention Meyers im Unterschied zu seinen früheren Novellen präsent, die sich gleichfalls durch ihr facettenreiches Erzählpotential auszeichnen[10].

Durch ihre unzulässige suggestive Beeinflussung ihres als Richter beauftragten Sohnes überschreitet sie ihre Rechte als Beschuldigte, indem sie ihrem ermittelnden und richtenden Sohn den Freispruch vom Vorwurf des Gattenmordes insinuiert, denn ihr Ehemann verstarb plötzlich unter dubiosen Umständen: durch ihren belastenden, aber verborgenen Mord, der durch das von ihrem geliebten Kleriker Peregrinus hergestellte Gift bewirkt wurde. Ihr Verbrechen hat die Richterin ebenso verdrängt wie das sexuelle Liebesverhältnis mit dem jungen Kleriker. Trotzdem insistiert die sich selbst suspendierende Richterin auf einem Gerichtsprozess, der den mysteriösen Tod ihres Mannes, den Vater des ermittelnden und richtenden Wulfrin, aufklären soll, dem seine Stiefmutter bislang als unverdächtig erschien. In diesem Prozess ohne Ankläger übernimmt Wulfrin unfreiwillig die Funktion eines befangenen, juristisch nicht vorbereiteten Richters, dessen Urteil den von der Angeklagten suggerierten Freispruch verkünden soll, wodurch der Prozess sich als Farce entlarvt, *wenn* das Liebepaar nicht zusammenfände, da sich Stemmas juristisches Interesse auf ihren Freispruch fokussiert. Durch den Missbrauch ihrer Rechte als Angeklagte begeht die Richterin einen kalkulierten Rechtsbruch, durch den sie ihren Freispruch vom Mordvorwurf mangels Beweises erzielt. Im Richteramt problematisch gleichgültig, verrät Wulfrin seine dilettantische Inkompetenz: „Der Richter walte seines Amtes schlecht und recht" – mit diesem fatalen Geständnis bezichtigt er sich selbst des Amtsmissbrauchs.

Nach überliefertem germanischen Sittenkodex war nur der Sohn des Verstorbenen legitimiert, Beschuldigte von Verbrechen, in diesem dilettantisch verhandelten Kriminalfall vom Mord-Vorwurf und von Schuld zu entlasten und einen von der Beschuldigten raffiniert suggerierten Freispruch durch das Gerichtshorn der Wulfs zu verkünden. Vor ihrem (Stief-)Sohn Wulfrin als Richter möchte sich Stemma als Beschuldigte „die Hand in ihrer Unschuld waschen" – eine deutliche literarische Anspielung auf den Prozess gegen Jesus von Nazareth vor Pontius Pilatus in den neutestamentlichen Schriften (Matthäus-Evangelium 27, 24; vgl. Johannes-Evangelium 19, 13). Im Gefolge des karolingischen Kaisers

---

10 Vgl. *August Langmesser:* Conrad Ferdinand Meyer. Sein Leben, seine Werke und sein Nachlaß. Berlin 1905, S. 376 f. – *Andrea Jäger:* Ästhetische Rekonstruktion der Einheit der Persönlichkeit, in: Andrea Jäger: Conrad Ferdinand Meyer zur Einführung. Hamburg 1998, S. 111–116, bes. S. 112, 114, 116.

und seiner Machtpolitik scheint der überforderte und desinteressierte Richter Wulfrin eher politische Interessen zu verfolgen als juristisches Interesse für die Rechtsprechung, für den Prozess über die Mordanklage gegen seine Stiefmutter aufzubringen, weshalb er sie mit Vorwürfen attackiert, die nur seine juristische Inkompetenz verraten. Zum Richteramt drängte ihn vor allem die Intervention des Kaisers, die sich an der Wahrung des verschleiernden Scheins der Familienehre nach dem geltenden germanischen Sittenkodex orientierte – Meyers Kriminal-Novelle literarisiert die fatale Verwechslung von Schein und Wirklichkeit[11].

Die auf Malmort angeklagte Richterin instruiert ihren Richter, indem sie sich unbefugte Rechte anmaßt: „Frage, untersuche, prüfe, ehe du mich freigibst!" Durch die erfahrene, regional respektierte und gelegentlich in komplizierten Rechtssachen um Rat gebetene Richterin Stemma unzureichend angelernt, ermittelt und verhandelt Wulfrin ohne richterliche Kompetenz, so dass er gar nicht unbefangen richten kann, denn die angeklagte, schuldige Richterin suggeriert unberechtigt ihren ungerechtfertigten und daher ungerechten Freispruch, damit ihr Gattenmord, ohne belastende Zeugen nicht nachweisbar, auch weiterhin als rätselhaft erscheine. Die Richterin ist wegen ihres Gattenmordes eine Rechtsbrecherin, die durch den von ihr unzulänglich instruierten, unerfahrenen Richter ihren ungerechtfertigten Freispruch aus Mangel an Beweisen vor dem auf der Burg versammelten Publikum mit dem zornig formulierten Spruch erreicht: „Ich gebe die Richterin frei von dem Tode des Comes und will verdammt sein, wenn ich je daran rühre!" Nach Wulfrins willfährig geführter Verhandlung beschleicht ihn jedoch der Selbstvorwurf, er habe „den Vater [...] preisgegeben" und dadurch beleidigt.

Trotz ihres Freispruchs erweist sich die Gattenmörderin als korrupt und kriminell, weshalb sie das Gerichtshorn der Wulfs in die Felsenschlucht von Malmort schleudert, denn es soll sie nicht an ihr Verbrechen und ihre Schuld erinnern; mit unerwarteten Folgen wird es allerdings zufällig vom stromernden Hirtenjungen Gabriel wiedergefunden. Mit dem Wulfenhorn verbindet der mythische Volksglaube das Zeichen, dass sein Signal die Burgherrin zwinge, alle Sünden zu bekennen, die sie während der Abwesenheit des Burgherrn beging.

Die Richterin erklärt sich auf Wulfrins verzweifeltes Ersuchen für zuständig, ihn wegen seiner vermeintlich sittenwidrigen Liebesbeziehung zu seiner angeblichen Schwester zu verklagen; denn die vermeintlich inzestuöse Liebebeziehung

---

11 *Andrea Jäger:* Ästhetische Rekonstruktion der Einheit der Persönlichkeit, in: Andrea Jäger: Conrad Ferdinand Meyer zur Einführung. Hamburg 1998, S. 111.

zwischen Wulfrin und Palma erscheint ihr wie ein gegen sie gerichtetes Komplott. Stemmas Schuldgeständnis erfolgt nicht aufgrund einer (Gewissens-) Entscheidung, sondern wird unabweisbar durch das plötzlich ertönende, wieder gefundene „Wulfenhorn" ausgelöst, auf dessen Signal Stemma fast wahnsinnig reagiert, denn das Leitmotiv des Gerichtshorns symbolisiert das moralisch und juristisch Schreckliche des dramatischen Kriminalfalls: Das durchdringende, grauenhafte Signal des Gerichthorns, das Stemmas entnervte Aversion provoziert – „Ich kann seinen Ton nicht leiden" – wirkt als verstörende Erinnerung an den Ermordeten, die sie vergeblich verdrängt, und schließlich ihr Geständnis ausgelöst; sinnverwirrt eilt sie zum Grab ihres Ehemannes, um am Rand des 'inneren Monologs', der sich als Selbstgespräch artikuliert, ihren Giftmord zu gestehen und sich zu ihrer nichtehelichen Tochter zu bekennen – ihr Geständnis wird jedoch von Palma erlauscht, woraufhin die Schuldige von der einzigen Ohrenzeugin verlangt, über das Mord-Geständnis zu schweigen; durch das Geständnis ihrer Stiefmutter traumatisiert, erkrankt Palma. Erst in äußerster Bedrängnis, beim Anblick ihres todkranken Kindes vermag Stemma ihre Lebenslüge öffentlich zu gestehen, womit sie ihre Selbstschutzstrategie konstruiert hat. In diesem Zusammenhang erhält die Eröffnungsszene der Novelle ihre vorausdeutende Funktion für die Eskalation um Schuld und Sühne: Der Chorgesang der Mönche auf *Ara Coeli* in Rom: „Meine Mutter hat mich in Schanden empfangen", deutet auf Stemmas verborgenes Geheimnis der unehelichen Geburt Palmas, auf die Vaterschaft des jungen Klerikers Peregrin, der sich seiner moralischen und sozialen Verantwortung schuldhaft entzieht.

Als Wulfrin sich selbst der Blutschande beschuldigt, vollzieht sich seine Entlastung als angeblicher Inzest-Täter zugleich mit der Belastung der Richterin als Gattenmörderin, die mangels Zeugen ihren insinuierten Freispruch vom Mord-Vorwurf erreicht, so dass dieser dramatisch dargestellte Parallelismus juristisch und moralisch problematisch erscheint.

C. F. Meyers historische Novelle *Die Richterin* (1885) gilt als eine der wichtigsten Schweizer Erzählungen in der deutschsprachigen Novellistik des 19. Jahrhunderts. Der Novellist thematisiert im Medium einer in der karolingischen Kaiserzeit angesiedelten, realistisch-kritischen Kriminal-Erzählung das Problem um Schuld und Sühne, das er im Zusammenhang mit dem Todes- und Liebesmotiv dargestellt hat. In einer für den *Poetischen Realismus* tendenziell modernen Erzählweise wird das psychologisierte Charakterprofil der Protagonisten aus wechselnden Perspektiven dargestellt. Realistisch-kritisch erzählt der Novellist in dramatischen Szenen-Sequenzen, an fast archaischen Figuren dargestellt, eine enigmatische (Familien-) Geschichte aus der historischen Zeitgeschichte des karolingischen Kaisers Karl: Die Richterin Stemma verbirgt mit ihrem heimtückischen, unentdeckten Gattenmord an dem kaiserlichen Comes Wulf ein schreckliches Geheimnis, das ihre nichteheliche Tochter Palma durch ihr Mord-Geständnis an der Grabstätte des Ehemanns Wulf zufällig erlauscht. Schließlich richtet sich die Richterin nach ihrem Geständnis des skrupellosen, verbrecherischen Giftmordes an ihrem sadistischen Gatten vor den Augen des Kaisers durch ihren Suizid. Die Richterin exekutiert ihr Schuld-Geständnis durch ihren Selbstmord. Der Novellist inszeniert also ein spannungsvoll erzähltes Selbstjustizdrama. Die novellistische Darstellung und Kritik von Verfallsphänomenen überlieferter germanischer Sitten korrespondiert mit einer gegenläufigen gesellschaftlichen Weiterentwicklung. Die gesellschaftsreformerische Perspektive der Novelle antizipiert die auf erotischer Liebe gegründete, angedeutete Lebensgemeinschaft zwischen Wulfrin und Palma: sie projiziert eine Humanisierung der Menschenliebe und bezeichnet darüber hinaus „den Konflikt von Recht und Macht, Politik und Sittlichkeit", den C. F. Meyer auch in der „Bündnergeschichte" *Jürg Jenatsch* (1874/1876) als politisch-soziale Zeitkritik thematisierte.

Meyers historische Novelle inszeniert ein verstörendes Psychogramm aus versunkener Zeit, in der ein brutal erzwungenes Eheleben die entrechtete, entwürdigte Ehefrau zur Mörderin, den Ehemann zum Mordopfer und die Witwe aufgrund ihres belastenden, bedrängenden Schuld-Geständnisses schließlich zur Selbstmörderin macht – die *Richterin* exekutiert ihr Schuld-Geständnis vor den Augen des zur Rechtsprechung erschienenen karolingischen Kaisers, indem sie das vom willfährigen (möglicherweise bestochenen?) Kleriker Peregrinus zusammengeschüttete Giftfläschchen austrinkt, mit dem auch sie ihren verhassten Gatten skrupellos vergiftete. Vor dem Richterstuhl des Kaisers gesteht die Richterin Stemma nicht nur ihren Mord an Palmas vermeintlichem Vater, dem kaiserlichen Statthalter Wulf, sondern auch ihren Ehebruch: ihrem Geständnis zufolge erweist sich ihr Ehemann Wulf nicht als Vater ihrer Tochter Palma. Durch das erlauschte Geständnis der Richterin – ihr 'innerer Monolog' wird als Selbstgespräch artikuliert – entdeckt Palma, dass ihre Liebesbeziehung zu ihrem vermeintlichen Bruder Wulfrin keine Blutsverwandtschaft verhindert und die begehrte Liebes- und Lebensgemeinschaft ihr größtes Glück ermöglichen würde. Im mittelalterlichen Gesellschaftsleben bestimmten, nach der gesellschaftlichen Stellung von Mann und Frau, männliche Macht und Herrschaft die untergeordnete soziale Stellung der Frau, ihre gesellschaftliche Inferiorität: Der Mann galt als das Haupt der Frau. Mit dem Urteil der Richterin aber erhebt sich die weibliche Stimme gegen die giftige Beziehung einer erzwungenen Ehe und gegen die fatale Dominanz männlicher Machtstrukturen. Der Gatten-Mord Stemmas markiert einen Wendepunkt ihres Lebens; die entwürdigte Ehefrau radikalisierte ihr Aufbegehren, indem sie sich zur skrupellosen Mörderin ihres verhassten Ehemannes veränderte, der ihre Würde und Ehre verachtete. Daher erweist sich „Malmort" als 'sprechender' Tatort giftiger Beziehungskonflikte und schwerer Verbrechen: der heimtückische Mordplan verleitet zum schließlich ohne Beweise gestandenen Mord an einem moralisch verwerflichen (Ehe-) Mann. Das mittelalterliche Ideal der *Minne* bestand in der Idee des höfischen Liebesdienstes des Mannes: edle Frauen galten als des Mannes allseitiges Glück.

Die zeitkritische Dimension der historischen Novelle korrespondiert mit der Wirkung der dramatisch inszenierten Liebesleidenschaft und angedeuteten Lebensgemeinschaft – ein bemerkenswertes literarisches Unterscheidungsmerkmal zu den erkannten Geschwistern in G. E. Lessings aufklärerischem Toleranz- und Humanitätsdrama *Nathan der Weise* (1779).

Als Palmas Vater erweist sich der junge Kleriker Peregrinus, Stemmas Geliebter, der kurz vor ihrer entwürdigenden Eheschließung von ihrem Vater ermordet wird, um ihre Ehe mit dem beruflich exponierten kaiserlichen Statthalter Wulf nach dem geltenden gesellschaftlichen Ehrenkodex zu ermöglichen. Auch dieser Mord hinterlässt keine justiziablen Spuren, so dass er ungeklärt bleibt – das verbrecherische Profil dieses Mordes lässt allerdings Spuren grausamer Inhumanität erkennen. Von verwirrenden Affekten seiner Liebe zu seiner vermeintlichen Schwester Palma an den Rand der Verzweiflung getrieben, schleicht Wulfrin, nach einem Gewaltausbruch gegen die geliebte Palma, an das Grab seines Vaters Wulf auf Malmort, weil ihn Zweifel umtreiben, ob Palma tatsächlich seine leibliche Schwester, seine Blutsverwandte sei; der von – der sonst gar nicht redseligen, diskursiv analysierenden Richterin – Stemma belauschte verzweifelte Monolog ihres Stiefsohnes Wulfrin führt schließlich zur Einladung des Kaisers als oberste Gerichtsinstanz nach Malmort, um nicht nur die verworrene Familiensituation und Erbschaftsangelegenheit nach dem Tod seines Statthalters Wulf zu klären, sondern auch die durch räuberische Gewalt marodierender Langobarden verletzte Rechtssicherheit wieder herzustellen. Das Motiv der unglücklichen, unerfüllten Liebe erweist sich als isotopiekonstitutive Problematik der Novellenstruktur, auch durch Karls verzögernde Einflussnahme vor der ersehnten Eheschließung zwischen Wulfrin und Palma. Jungfrauen galten im fränkischen Reich bereits im 13. Lebensjahr als heiratsfähig. Nach dem Tod seiner zweiten Ehefrau Desiderata heiratete der fränkische König Karl seine geliebte Frau Hildegard im Alter von 13 Jahren, nachdem er seine dominante Mutter Bertrada die Jüngere verstoßen hatte; Karl schloss noch zwei weitere Ehen mit Fastrada und Luitgard.

Da Kaiser Karl das Richteramt an die zuständige, gleichwohl unerkannt schuldige Richterin Stemma delegiert, die sich selbst als aufbegehrendes Opfer stilisiert, indem sie ihren geheim gehaltenen Gattenmord und die ihrem Ehemann verschwiegene nichteheliche Zeugung ihrer Tochter durch den Kleriker Peregrinus vor der durch Kerkerhaft erzwungenen Eheschließung mit Wulf gesteht, erscheint auch die Richterolle Karls problematisch auf dem historischen Hintergrund des (Religions-) Krieges von 772–804 des westgermanischen Stammes der Sachsen gegen die brutale, gnadenlose Christianisierung durch den fränkischen König, den 800 in Rom von Papst Leo III. (795–816) gesalbten Kaiser des „Heiligen römischen Reiches deutscher Nation". Die römisch-katholische Kirche legitimierte also das karolingische Imperium; das christliche Friedensgebot missachtend, kennzeichnete Karls Machtpolitik „Ein Reich – ein Glaube – ein Herrscher" die territoriale Eroberung Thüringens und Sachsens und die kultur- und steuerpolitisch funktionalisierte Christianisierung der angeblich gottlosen, aufständischen Sachsen „mit Feuer und Schwert", gegen die der angelsächsische Humanist Alcuin (735–804) durch seine erziehungsreformerische Briefdiplomatie vergeblich intervenierte.

Die literarische Signatur dieser historischen Novelle kennzeichnet vor allem C. F. Meyers Andeutungsstil, der schon beim zeitgenössischen Bildungsbürgertum Anerkennung und Wertschätzung fand, aber auch problematisierende Kommentare infolge der Stilkritik von Friedrich Theodor Vischer auf sich zog, beispielsweise von Paul Heyse. Während der Verhandlungen über die Novelle *Die Hochzeit des Mönchs* (1884) versuchte Meyers Leipziger Verleger Hermann Haessel vergeblich, den Novellisten (nicht nur aus marktstrategischem Kalkül, sondern vielmehr im Interesse des vorzugsweise belletristisch interessierten Lesepublikums) zu einer elaborierten epischen Schreibweise zu motivieren. Meyers Erzählstrategie bewussten Verzichts auf die von Friedrich Theodor Vischer (1807–1887) im Kontext seiner *Ästhetik* kritisierte „Manier", lässt sich aus werkgeschichtlicher Perspektive als spezifische Signatur dieser Novelle interpretieren. Als Episoden-Figuren in der Konfiguration von C. F. Meyers Erzähltexten werden vorzugsweise repräsentative historische Gestalten geschildert, beispielsweise der Schwedenkönig Gustav Adolf (in *Gustav Adolfs Page*), König Ludwig XIV. aus dem seit 1589 existierenden, 1883 ausgestorbenen französischen Königshaus der Bourbonen (in *Die Leiden eines Knaben*) und Dante Alighieri als Repräsentant der toskanischen Literatursprache in der italienischen Dichtkunst des Mittelalters (in *Die Hochzeit des Mönchs*). Beim Lesepublikum wird fundiertes Geschichtswissen über die historische Bedeutung und Geltung der novellistisch porträtierten, historisch relevanten Gestalten vorausgesetzt, deren politisch-historische Relevanz die novellistische Erzählintention C. F. Meyers motiviert[12].

---

12 Zu Paul Heyses problematischer Kritik: *Andrea Jäger:* Conrad Ferdinand Meyer zur Einführung. Hamburg 1998, S. 115 f.

C. F. Meyers literarische Erzählinstanz.
Symbolischer Realismus als novellistische Erzählkunst

> Am liebsten vertiefe ich mich in vergangene Zeiten, deren Irrthümer ich leise ironisiere und die mir erlauben, das Ewig-Menschliche künstlerischer zu behandeln, als die brutale Actualität zeitgenössischer Stoffe mir nicht gestatten würde.

Die dramatischen Konflikte der Novelle schildert C. F. Meyer unmittelbar nach der Krönung des fränkischen Königs Karl zum Kaiser des „Heiligen römischen Reiches" durch Papst Leo III. im Jahr 800. Der karolingische Kaiser kämpfte als machtvoller Herrscher während seiner 46-jährigen Regentschaft für die politische, rechtliche und kulturelle Stabilität in seinem Reich. Nach der gewaltsamen Eroberung des Langobardenreichs, nach dem Sieg gegen den Langobarden-König Desiderius, avancierte der fränkische König 774 auch zum König der Langobarden, der in der Provinz Rätien eine staatliche Rechtsordnung stiftete, die Rechtsschutz gewährleisten sollte. Mit der Absetzung Herzogs Tassilos von Bayern beseitige der fränkische König 788 auch das letzte germanische Stammes-Herzogtum. Kaiser Karl, auch durch den Titel „Augustus" geehrt, galt schon während seiner Regentschaft als politmythische Repräsentationsgestalt abendländischer Machtpolitik, die neben etwa 600 Grafschaften auch die bayerische, dänische und spanische Mark mit Grenzsicherungen errichtete; das Territorium seines Reichs erstreckte sich von der Elbe bis zum Tiber, von den Pyrenäen bis zu den östlichen Alpen, vom Mittelmeer bis zum Atlantik. Kaiser Karl repräsentierte einen der mächtigsten europäischen Regenten, der die politische Einheit des Abendlandes durch das Leitmotiv „ein Reich – ein Glaube – ein Herrscher" stiftete: durch seine expansive Eroberungs- und Machtpolitik, durch die mit Gewalt erzwungene Christianisierung und durch die „Karolingische Renaissance", eine Bildungsoffensive, die Gelehrte und Kleriker in den (etwa 120) errichteten Pfalzen, in den Klöstern und Abteien, die Wissenschaften und Künste einer Bildungselite des römisch-katholischen Christentums durch die neu organisierte Steuer- und Zinspolitik förderte. Das Bildungsprogramm des Kaisers diente primär der kulturpolitischen Organisation des Kaiserreichs und der Reorganisation der Institutionen der römisch-katholischen Kirche, die antike Kultur und christlichen Glauben verband, beispielsweise durch die Rezeption der Antike, die das intensivierte Studium antiker Sprachen erforderte, denn der Kaiser kritisierte in Fulda die „ungeübte Zunge" miserabler Mönche. Die Verbindung von Schwert und Kreuz, das Bündnis zwischen Kaisertum und Papsttum prägte die abendländische Macht- und Bildungspolitik des karolingischen Kaisers.

Als eines der zentralen Motive dieser Novelle inszeniert C. F. Meyer das dramatisch inszenierte Inzest-Problem, die verbotene Geschwisterliebe zwischen

Palma, Stemmas nichtehelicher Tochter, und ihrem vermeintlichen Halbbruder Wulfrin. Dieses kühne Motiv erzählt von der beiderseitigen erotischen Liebe eines jungen Paares, das sich für Geschwister hält und aufgrund des Inzest-Verbots seine Liebe nicht leben darf, bis sich das Inzest-Problem zufällig aufklärt und auflöst. Durch Meyers kreative dichterische Einbildungskraft erhält die Kategorie des 'Zufalls' nicht nur eine die Handlung vorantreibende Funktion, sie bewirkt vielmehr auch das komplexe Spannungsverhältnis dramatisierter Beziehungsprobleme. Vor diesem literarischen Hintergrund lässt sich das dramatisch erzählte Liebesproblem nicht auf den biografischen Aspekt einer durch grundlose Gerüchte behaupteten Geschwisterliebe zwischen Conrad Ferdinand Meyer und seiner Schwester Elisabeth restringieren. Als die Geschwister eine längere Zeit in einer Lebensgemeinschaft in Zürich zusammenwohnten, kursierten Gerüchte über ein vermeintlich inzestuöses Liebesverhältnis, die Meyers Eheleben gravierend belasteten, die Betsy Meyer zur kritischen Kommentierung durch ein Doppelporträt der Geschwister herausforderten[13]. Eine biografische Restriktion des in der Novelle angedeuteten Inzest-Problems kann jedoch das in dramatischen Szenen-Sequenzen erzählte Motiv der vermeintlichen, schließlich als Phantasma aufgedeckten Geschwisterliebe kaum adäquat interpretieren. Durch die zeitweilige Wohn- und Lebensgemeinschaft der Geschwister in Zürich verbreiteten sich grundlose Gerüchte über eine vermeintlich inzestuöse Beziehung mit gesellschaftlich schädlicher Wirkung, die Elisabeth Meyer zum Orts- und Wohnungswechsel veranlassten, um belastende Beziehungsprobleme zu regulieren, die das Eheleben ihres Bruders unbeabsichtigt störten. Meyers Schwester berichtete, der Novellist habe ihr, entgegen seiner Gewohnheit, seine Erzählung *Die Richterin* erst als gedrucktes Buch zu lesen gegeben, nachdem er sie, nach strapaziösem Schreibprozess, bewerkstelligt hatte. Betsy erkannte, mit dieser Erzählung habe ihr Bruder auch die in der Züricher Gesellschaft kursierenden Gerüchte über ein erfundenes, aber verbreitetes und ehrverletzendes geschwisterliches Verhältnis zu zerstören versucht. Betsy Meyer hat in den teilweise überlieferten Entwürfen zu ihren Erinnerungen an Gespräche mit ihrem Bruder die als äußerst peinlich empfundenen Inzest-Gerüchte über die Geschwister in „gewissen Zürcherkreisen" kommentiert:

> Er gab mir das Bändchen mit den Worten: „Mich wundert, was du dazu sagen wirst. Du wirst nicht begreifen, wie ich dazu komme, diese Gewissenskonflikte anzufassen. – Es mußte sein. Ich mußte einmal Stellung nehmen zu den unaufhörlichen stillen Angriffen. – Es ist eine Abrechnung [...] Und jetzt: ein dicker Strich darunter." [...].

---

13 *C. F. Meyer:* Sämtliche Werke. Historisch-kritische Ausgabe in 15 Bänden. Band 12, S. 340 f.

Die „Richterin" dagegen [z. B. gegenüber „Engelberg"] ist aus tiefer Verletzung hervorgegangen und trägt Schwert und Schild. Sie ist ein fest geschlossenes Drama. Sie ist die Ethik derselben Dichterseele und zeigt deren Kampf. Keine Himmelfahrt, sondern die Höllenfahrt eines mannhaften Gewissens. Selbstgericht und Sühne" (XII, 340).

Ebenso pointiert hat Betsy Meyer ihrem Kommentar zur strittigen Auseinandersetzung über das provozierende Inzest-Problem aus familiärer Privatperspektive ergänzend hinzugefügt:

> Armer, armer Bruder! Es ist dein innerstes Heiligtum, das angetastet wird. Das Verhältnis deiner Schwester zu dir, das gottgewollte, einfache, das zugleich ein kindliches und mütterliches ist. – Das ist der Punkt, von dem aus deine edel geschaffene, in ihrer Feinheit und Reizbarkeit zu gesundem Widerstande gegen rohe Angriffe unfähige Seele im Innersten vergiftet werden kann. An dieser Stelle kann dir, inmitten deines sichern Heims von der, die du liebst und der du vertraust, ohne daß sie selber sich dessen klar bewußt wird, ein dein Leben im Grunde zerstörendes Gift beigebracht werden: der Zweifel an der göttlichen Gerechtigkeit (XII, 340 f.).

Im Blick auf die facettenreichen Strukturen dieser historischen Erzählung interessierte den Novellisten letztendlich keine popularisierende Familien-Historiografie; die ihn leitende schriftstellerische Intention fokussierte sich auf die novellistische Inszenierung des problematischen Verhältnisses von Individuum und Gesellschaft, von Macht und Politik in einer versunkenen Zeit, so dass diese historische Novelle neben der diffizilen psychologischen Problematik auch eine ethische Dimension auszeichnet. C. F. Meyer webte den Novellenstoff vor allem aus der symbolisierten Landschaft, den psychologischen Beziehungsproblemen der erotischen Liebesleidenschaft, die durch dramatisierte Naturvorgänge und Träume symbolisch angedeutet werden, beispielsweise Wulfrins Gang durch die Viamala-Schlucht: „Hier haben sich – eine Form expressionistischer Aussage, welche die Visionen der Maler des frühen 20. Jahrhunderts vorausnimmt – innerer und äußerer Aufruhr zu einer großartigen Vision zusammengefunden." Meyers Andeutungsstil kennzeichnet eine verbale Expressivität der realistisch-kritischen sowie psychologisierenden Schreibart der Novellistik aus der zweiten Hälfte des 19. Jahrhunderts, die an die Literatur der Moderne grenzt. Vor allem Meyers dramatische Konstruktion der Novelle kennzeichnet ihre Sonderstellung in seiner Novellistik, zumal den beiden Zentralfiguren innerhalb der Konfiguration der Novelle Kontrastgestalten gegenübergestellt werden. Meyers novellistische Kontrastästhetik konstituieren vor allem die dramatisch inszenierten Kontraste des Landschaftsprospekts, das steil aufragende Gebirgsmassiv und die abgrundtiefe Schlucht als Gegenwelt zur Wanderung der Liebenden zum See bei Pratum[14].

---

14 Vgl. *Karl Fehr:* C. F. Meyer. Realien zur Literatur. Stuttgart 1971, S. 93.

Meyers leitendes Erzählmotiv bestimmten die Probleme von Schuld und Sühne „der magna peccatrix sive iudicatrix, die Frage nach der immanenten Gerechtigkeit", auf die Meyer brieflich am 21. November 1885 an Johannis Landis hinweist[15]. Der Novellist insistierte darauf, dass die gesellschaftliche Realität letztlich von der moralischen Instanz der Gerechtigkeit bestimmt werden sollte, die im Medium der Novelle als kritisches Korrektiv aufscheint – bei aller Skepsis gegenüber der Moralität des Individuums und der Gesellschaft, eine novellistische Vorschein-Ästhetik, die schon auf die Literatur der Moderne vorausweist.

Dank

Ich habe die angenehme Pflicht, folgenden Institutionen und Verlagen für die hilfreiche Unterstützung meines literarhistorischen Kommentars zur Novelle *Die Richterin* von C. F. Meyer zu danken: Conrad Ferdinand Meyer-Haus in Kilchberg, namentlich der Museumsleiterin Frau Dr. phil. Elisabeth Lott – Zentralbibliothek Zürich in Zürich – J. B. Metzler Verlag, Part of Springer Nature, Heidelberg / Stuttgart – Philipp Reclam Verlag, Ditzingen – Wallstein Verlag, Göttingen – Antiquariat Christine Laist, Seeheim-Jugenheim – Antiquariat Ilona Tarter, Thannhausen.

---

15 *Karl Fehr:* C. F. Meyer. Ebd., S. 91.

Deutsche Rundschau.

Deutsche Rundschau. Herausgegeben von Julius Rodenberg. Band XLV (October-November-December 1885). Berlin. Verlag von Gebrüder Paetel. 1885. Titelblatt des Erstdrucks (Original: Antiquariat Christine Laist, Seeheim-Jugenheim).

Die Richterin.

Novelle
von
Conrad Ferdinand Meyer.

Erstes Capitel.

„Precor sanctos apostolos Petrum et Paulum!" psalmodirten die Mönche auf Ara-Cöli, während Karl der Große unter dem lichten Himmel eines römischen Märztages die ziemlich schabhaften Stufen der auf das Capitol führenden Treppe emporstieg. Er schritt feierlich unter der Kaiserkrone, welche ihm unlängst zu seinem herzlichen Erstaunen Papst Leo in rascher Begeisterung auf das Haupt gesetzt. Der Empfang des höchsten Amtes der Welt hatte im Ernste seines Antlitzes eine tiefe Spur gelassen. Heute gedachte er, am Vorabend seiner Abreise, einer solennen Seelenmesse für das Heil seines Vaters, des Königs Pippin, beizuwohnen.

Zu seiner Linken ging der Abt Alcuin, während ein Gefolge von Höflingen, die aus allen Ländern der Christenheit zusammengewählte Palastschule, sich in gemessener Entfernung hielt, halb aus Ehrerbietung, halb mit dem Hintergedanken, in einem günstigen Augenblicke sich sachte zu verziehen und der Messe zu entwischen. Die vom Wirbel zur Zehe in Eisen gehüllten Höflinge schlenderten mit gleichgültiger Miene und hochfahrender Geberde in den erlauchten Stapfen, die Begrüßung der umstehenden Menge mit einem kurzen Kopfnicken erwidernd und sich über nichts verwundern wollend, was ihnen die ewige Stadt Großes und Ehrwürdiges vor das Auge stellte.

Jetzt hielten sie vor der ersten Stufe, während oben auf dem Platze Karl mit Alcuin bei dem ehernen Reiterbilde stille stand. „Ich kann es nicht lassen," sagte er zu dem gelehrten Haupte, „den Reiter zu betrachten. Wie mild er über der Erde waltet! Seine Rechte verzeiht oder segnet! Diese Züge müssen ähnlich sein."

Da flüsterte der Abt, den der Hafer seiner Gelehrsamkeit stach: „Es ist nicht Constantin. Das hab' ich längst heraus. Doch ist es gut, daß er dafür gelte, sonst wären Reiter und Gaul in der Flamme geschmolzen." Der kleine

---

Die Richterin. Novelle von Conrad Ferdinand Meyer.

Die Richterin. Novelle von Conrad Ferdinand Meyer. In: Deutsche Rundschau. Herausgegeben von Julius Rodenberg. Band XLV (October-November-December 1885). Berlin. Verlag von Gebrüder Paetel. 1885, S. 1–26, 161–184. Erste Novellenseite des Erstdrucks (Original: Antiquariat Christine Laist, Seeheim-Jugenheim).

Walter Zimorski

Literatur zur Novelle „Die Richterin"

Werkausgaben

CONRAD FERDINAND MEYER: Sämtliche Werke. Herausgegeben von H. Mayne und E. Ermatinger. 14 Bände. Leipzig 1925. – Band 8: *Die Richterin*.

CONRAD FERDINAND MEYER: Sämtliche Werke. Herausgegeben von R. Faesi. 4 Bände. Berlin 1940. – Band 3: *Die Richterin*.

CONRAD FERDINAND MEYER: Sämtliche Werke. Historisch-kritische Ausgabe besorgt von H. Zeller und A. Zäch. 15 Bände. Bern 1958–1996. – Bern 1961, Band 12. Novellen II: *Die Richterin*.

CONRAD FERDINAND MEYER: Sämtliche Werke. Leseausgabe in sieben Bänden. Herausgegeben von H. Zeller und A. Zäch. Bern 1961 f. – Göttingen: Wallstein Verlag 2014. – Band 4: *Jürg Jenatsch – Die Richterin*.

Bibliografien

K. FEHR: Conrad Ferdinand Meyer (Realien zur Literatur: Literaturgeschichte. Sammlung Metzler, 102). Stuttgart 1971. – 2. Auflage 1980. – 3. Auflage 2021.

U. H. GERLACH: Conrad Ferdinand Meyer. Bibliographie. Tübingen: Niemeyer Verlag 1994.

Briefwechsel-Ausgaben (Auswahl)

A. BETTELHEIM (Hg.): Louise von Francois und Conrad Ferdinand Meyer. Ein Briefwechsel, Berlin 1905. – 2. Auflage Berlin 1920.

A. FREY (Hg.): Briefe Conrad Ferdinand Meyers. Nebst seinen Rezensionen und Aufsätzen. 2 Bände. Leipzig 1908.

A. LANGMESSER (Hg.): Conrad Ferdinand Meyer und Julius Rodenberg. Ein Briefwechsel. Berlin 1918.

HANS UND ROSEMARIE ZELLER (Hg.): Johanna Spyri – Conrand Ferdinand Meyer, Briefwechsel 1877–1897. Mit einem Anhang: Briefe der Johanna Spyri an die Mutter und die Schwester Meyers. 1853–1897. Kilchberg 1977.

H. ZELLER / W. LUKAS (Hg.): C. F. Meyers Briefwechsel. Historisch-kritisches Ausgabe. 4 Bände. Bern 1998–2004. – Göttingen: Wallstein Verlag 2014–2017.

*Forschungs- und Interpretationsliteratur
zur Novelle „Die Richterin" (1885)*

S. ARIF: Handlungsunterstützender Symbolismus. München 2001.

H. AUST: Novelle. 2. Auflage Stuttgart, Weimar 1995.

H. BABERG: Der Konflikt von Macht und Recht, Politik und Sittlichkeit in Stifters „Witiko" und C. F. Meyers „Jürg Jenatsch". Diss. Bonn 1956.

C. K. BANG: Maske und Gesicht in den Werken Conrad Ferdinand Meyers. Diss. Baltimore, Göttingen 1940.

H. BÄNZINGER: Schuld und Sühne – *Die Richterin*. In: Schweizer Annalen 2 (1945), S. 28–34.

F. BAUMGARTEN: Das Werk Conrad Ferdinand Meyers. Renaissance-Empfinden und Stilkunst. München 1917. – 2. Auflage 1920. – Neuausgabe: F. Baumgarten: Das Werk Conrad Ferdinand Meyers. Herausgegeben von Hans Schumacher. Zürich 1948.

E. BRACK: Die Landschaft in Meyers Novellen und Gedichten. Diss. Bern 1926.

M. BODMER: Conrad Ferdinand Meyer. Herkommen und Umwelt. Olten 1944.

H. BRANDT: Die großen Geschichtsdichtungen Conrad Ferdinand Meyers. Ihre historische und ästhetische Problematik. Diss. Jena 1957.

H.-D. BRÜCKNER: Heldengestaltung im Prosawerk Conrad Ferdinand Meyers (Europäische Hochschulschriften. Deutsche Sprache und Literatur, Band 38) Bern 1970.

G. BRUNET: Conrad Ferdinand Meyer et la nouvelle. Paris 1967.

K. BUNGERT: Die Felswand als Spiegel einer Entwicklung. Der Dichter C. F. Meyer als Gegenstand einer psychologischen Literaturstudie. Berlin 1994.

A. BURKHARD: Conrad Ferdinand Meyer. The Style and the Man. Cambridge, London (Harvard University Press) 2013.

J. BURCKHARDT: Die Kultur der Renaissance in Italien. 1860.

M. BURKHARD: Conrad Ferdinand Meyer und die antike Mythologie. Zürich 1966.

M. BURKHARD: Conrad Ferdinand Meyer. Boston 1978.

Literatur

G. CLAUSS: Die Frau in der Dichtung C. F. Meyers. Diss. München 1934.

H. CORRODI: Conrad Ferdinand Meyer und sein Verhältnis zum Drama. Leipzig: H. Haessel. 1923. – Nachdruckausgabe: Inktank Publishing 2019.

L. F. DAHME: Women in the life and art of Conrad Ferdinand Meyer. New York 1936.

T. EVANS: Formen der Ironie in C. F. Meyers Novellen. Bern / München 1980.

E. EVERTH: C. F. Meyer. Dichtung und Persönlichkeit. Dresden 1924.

E. EVERTH: Meyers epischer Sprachstil. In: Zeitschrift für Ästhetik und allgemeine Kunstwissenschaft, Band 20 (1926), S. 129–140.

R. FAESI: Conrad Ferdinand Meyer und Thomas Mann. In: R. Faesi: Gestaltungen und Wandlungen schweizerischer Dichtung. Zürich 1922, S. 99–147.

R. FAESI: Conrad Ferdinand Meyer. Leipzig 1925. – 2. Auflage Frauenfeld 1948.

M. FAESSLER: Untersuchungen zum Prosa-Rhythmus in Conrad Ferdinand Meyers. Novellen. Bern 1925.

J. FÄHRMANN: Bildwelt und symbolische Gestaltung in der Dichtung C. F. Meyers. Studien zur Symbolik in den Gedichten und Novellen. Freiburg im Breisgau 1964.

K. FEHR: C. F. Meyer (Realien zur Literatur: Literaturgeschichte – Sammlung Metzler, 102). Stuttgart 1971. – 2. Auflage 1980. – 3. Auflage 2021.

K. FEHR: C. F. Meyer. Auf- und Niedergang seiner dichterischen Produktivität im Spannungsfeld von Erbanlagen und Umwelt. Bern / München 1983.

K. FEHR: Die realistische Vision. In: Karl Fehr: Der Realismus in der schweizerischen Literatur. 1965.

E. FEISE: Fatalismus als Grundzug von Conrad Ferdinand Meyers Werke. In: Euphorion, Band 17 (1910), S. 111–143.

G. FELDERER: Die Komposition in C. F. Meyers Novellen. Diss. Wien 1948.

W. FREUND: Conrad Ferdinand Meyer: Die Richterin, in: W. Freund: Die deutsche Kriminalnovelle von Schiller bis Hauptmann. Einzelanalysen und sozialgeschichtlichen und didaktischen Aspekten. Paderborn 1975, S. 74–84, S. 115.

A. Frey: Conrad Ferdinand Meyer. Sein Leben und seine Werke. Stuttgart / Berlin 1900. – 2. Auflage 1909. – 3. Auflage 1919. – 4. Auflage 1925. – Nachdruckausgaben: dearbooks 2014. – Verlag der Wissenschaften 2019.

A. Geßler: Meyer, Conrad Ferdinand. In: Allgemeine Deutsche Biographie. Band 52. Leipzig 1906, S. 340–370.

A. Grinstein: Conrad Ferdinand Meyer an Freud. The Beginnings of Applied Psychoanalysis. Madison in Connecticut 1992.

T. Grossenbacher: Studien zum Verhältnis von Literatur und Moral an ausgewählten Werken des schweizerischen bürgerlichen Realismus (Sprache und Dichtung. Neue Folge, 35). Bern 1984.

K. S. Guthke: Meyers Kunstsymbolik. In: Karl S. Guthke: Wege zur Literatur. Studien zur deutschen Dichtungs- und Geistesgeschichte. Bern / München 1967, S. 187–204.

R. d'Harcourt: Conrad Ferdinand Meyer. La Crise de 1852–1856. Paris 1913.

F. Hellermann: Mienenspiel und Gebärdensprache in C. F. Meyers Novellen. Die Ausdrucksbewegungen mit besonderer Berücksichtigung des Auges. Diss. Tübingen 1915.

H. Henel: The poetry of Conrad Ferdinand Meyer. Madison in Connectitcut 1954.

G. Hertling: Träume in den Erzählungen Conrad Ferdinand Meyers. In: Etudes Germaniques 25/2, 1970.

G. H. Hertling: Conrad Ferdinand Meyers Epik. Traumbeseelung, Traumbesinnung und Traumbesitz. Bern / München 1973.

V. Herzog: Ironische Erzählformen bei C. F. Meyer. Dargestellt am „Jürg Jenatsch". Bern 1970.

H. Himmel: Geschichte der deutschen Novelle. Bern / München 1963.

O. Hoffmann: Die Menschengestaltung in Meyers Renaissancenovellen. In: Germ. Studien, H. 219. Berlin 1940.

L. Hohenstein: Conrad Ferdinand Meyer. Bonn 1957.

C. Höschel: Conrad Fedinand Meyers Erstlingserzählung „Clara" im Kontext des novellistischen Gesamtwerkes (Europäische Hochschulschriften. Deutsche Sprache und Literatur, Band 2008). Frankfurt am Main 2010.

G. ISAAK: Der Fall C. F. Meyer. Außerliterarische Faktoren bei der Rezeption und Bewertung eines Autors (Europäische Hochschulschriften, 33). Frankfurt am Main / Bern 1980.

D. A. JACKSON: Conrad Ferdinand Meyer's „Die Richterin". A tussle with Tolstoy. In: Trivium 9 (1974), S. 39–49.

D. A. JACKSON: C. F. Meyer in Selbstzeugnissen und Bilddokumenten (Rowohlts Monographien – Bildmonographien, 238). Reinbek bei Hamburg 1975; 1985; 1991.

A. JÄGER: C. F. Meyer zur Einführung. Hamburg 1998.

A. JÄGER: Die historischen Erzählungen von Conrad Ferdinand Meyer. Zur poetischen Auflösung des historischen Sinns im 19. Jahrhundert. Tübingen 1998.

A. JANNER: Meyers Renaissancenovellen. In: Schweizerische Rundschau 25 Jg. (1925), S. 292–315.

K. JEZIORKOWSKI: Die Kunst der Perspektive. Zur Epik Conrad Ferdinand Meyers. In: Germanisch-Romanische Monatsschrift. Neue Fassung 17 (1967), S. 398–416.

E. KALISCHER: Conrad Ferdinand Meyer in seinem Verhältnis zur italienischen Renaissance (Palaestra, 64. Untersuchungen und Texte aus der deutschen und englischen Philologie, herausgegeben von A. Brandl, G. Roethe und E. Schmidt). Berlin 1907.

M. KÄMPF: Staat und Politik in den Werken Conrad Ferdinand Meyers. Baltimore 1940.

J. KIRCHGRABER: Meyer, Rilke, Hofmannsthal. Dichtung und bildende Kunst. Bonn 1971.

F. KITTLER: Der Traum und die Rede. Eine Analyse der Kommunikationssituation Conrad Ferdinand Meyers. Bern 1977.

J. KLEIN: Der gemäßigte Realismus: Realistisches Detail und klassische Symbolhaftigkeit. 13. Teil: C. F. Meyer. In: J. Klein: Geschichte der deutschen Novelle. Von Goethe bis zur Gegenwart. Wiesbaden 1954; 1960, S. 380–406.
– *Die Richterin*, S. 400–402.

G. P. KNAPP: Conrad Ferdinand Meyer. „Das Amulett". Historische Novellistik auf der Schwelle zur Moderne. Paderborn / München / Wien / Zürich 1985.

W. KÖHLER: Conrad Ferdinand Meyer als religiöser Charakter. Jena 1911.

W. Kohlschmidt: Theodor Storm und die Zürcher Dichter. In: W. Kohlschmidt: Dichter. Tradition und Zeitgeist. Bern 1963, S. 349–362.

E. Korrodi: C. F. Meyer-Studien. Leipzig 1912.

J. Kunz: Die deutsche Novelle im 19. Jahrhundert. Berlin 1970.

T. V. Laane: Imagery in Conrad Ferdinand Meyer's Prose Works. Form, Motifs and Functions. Bern / Frankfurt am Main 1983.

A. Langmesser: Conrad Ferdinand Meyer. Sein Leben, seine Werke und sein Nachlaß. Berlin 1905.

H. von Lerber: Der Einfluß der französischen Sprache und Literatur auf Conrad Ferdinand Meyer und seine Dichtung. In: Sprache und Dichtung, H. 29. Bern 1924.

H. von Lerber: Conrad Ferdinand Meyer, der Mensch in der Spannung. Ein Beitrag zur Meyer-Forschung. Basel / München 1949.

W. Linden: Conrad Ferdinand Meyer. Entwicklung und Gestalt. München 1922.

F. Lockemann: Gestalt und Wandlungen der deutschen Novelle. Geschichte einer literarischen Gattung im neunzehnten und zwanzigsten Jahrhundert. München 1957.

L. Löwenthal: Conrad Ferdinand Meyers heroische Geschichtsauffassung. In: Zeitschrift für Sozialforschung, 2. Jg., 1933, S. 34–62.

L. Löwenthal: Conrad Ferdinand Meyer – die Apologie des Großbürgertums. In: Leo Löwenthal: Das bürgerliche Bewußtsein in der Literatur. Frankfurt am Main 1981, S. 397–427.

W. Loock: Die Gestalt des Politikers bei C. F. Meyer. Marburg / Lahn 1938.

W. Lukas (Hg.): Conrad Ferdinand Meyer. Handbuch. Leben – Werk – Wirkung. Stuttgart: J. B. Metzler 2022.

D. S. Lund: Ambiguity as Narrative Strategy in the Prose Work of C. F. Meyer. Bern / Frankfurt am Main 1990.

S. B. Lutz: Vom Ereignis zur Erzählung. Ein Vergleich zwischen C. F. Meyers Geschichtsdichtung und der zeitgenössischen Geschichtsschreibung. Diss. Ann Abor 1986.

F. Martini: Conrad Ferdinand Meyer. In: F. Martini: Deutsche Literatur im bürgerlichen Realismus. Stuttgart 1962, S. 801–844.

P. VON MATT: Conrad Ferdinand Meyer: *Die Richterin* (1885). Offizielle Kunst und private Phantasie im Widerstreit. In: Horst Denkler (Hg.): Romane und Erzählungen des bürgerlichen Realismus. Neue Interpretationen. Stuttgart 1980, S. 310–324.

P. VON MATT: *Die Richterin*. Conrad Ferdinand Meyers Kunst im Widerstreit zur privaten Phantasie. In: Das Schicksal der Phantasie. Studien zur deutschen Literatur. München 1994, S. 224–241.

H. MAYNC: C. F. Meyer und sein Werk. Frauenfeld / Leipzig 1925.

E. MECKEL: Conrad Ferdinand Meyer (Die Dichter der Deutschen). Stuttgart 1940.

C. MERIAN-GENAST: Die Gestalt des Künstlers im Werk Conrad Ferdinand Meyers (Europäische Hochschulschriften. Deutsche Sprache und Literatur, Band 74). Frankfurt am Main 1973.

B. MEYER: Conrad Ferdinand Meyer. In der Erinnerung seiner Schwester. Berlin 1903. – 2. Auflage 1903.

I. MITTENZWEI: Dichtungstheoretische Äußerungen Gottfried Kellers und Conrad Ferdinand Meyers. In: Beiträge zur Theorie der Künste im 19. Jahrhundert. 2 Bände. Herausgegeben von Helmut Koopmann und Adolf Schmoll. Frankfurt am Main 1972, Band 2, S. 175–195.

C. Moos: Conrad Ferdinand Meyer und die Geschichte. Bern / Frankfurt am Main 1973.

B. L. MUGGE-MEIBURG: Words Chiseled into Marble. Artworks in the Prose Narratives of Conrad Ferdinand Meyer. New York 1991.

R. MÜLHER: C. F. Meyer und der Manierismus. In: Robert Mülher: Dichtung der Krise. Mythos und Psychologie in der Dichtung des 19. und 20. Jahrhunderts. Wien 1951.

M. NILS: Betsy, die Schwester Conrad Ferdinand Meyers. Frauenfeld–Leipzig 1943. – Nachdruck 1981.

M. NUẞBERGER: Conrad Ferdinand Meyer. Leben und Werk. Frauenfeld 1919; 1922.

W. OBERLE: Ironie im Werk Conrad Ferdinand Meyers. In: Germanisch-romanische Monatshefte 5 (1955), S. 212–222.

S. ONDERDELINDEN: Die Rahmenerzählung Conrad Ferdinand Meyers. Leiden 1974.

J. OSBORNE: Vom Nutzen der Geschichte. Studien zum Werk Conrad Ferdinand Meyers (Kasseler Studien zur deutschsprachigen Literaturgeschichte, 5). Paderborn 1994.

T. PELSTER: Conrad Ferdinand Meyer. Literaturwissen. Stuttgart 1998.

M. PFEIFER: Conrad Ferdinand Meyer: „Der Schuß von der Kanzel" – „Die Hochzeit des Mönchs" – „Die Richterin". Königs Erläuterungen und Materialien, Band 257/258. Hollfeld / Obfr. 1981.

E. M. V. PLATER: Alcuin's „Harmlose Fabel" in C. F. Meyer's „Die Richterin". In: German Life and Letters 32 (1978/79), S. 318–326.

G. W. REINHARDT: Nationalism and power politics in the liefe and prose of Conrad Ferdinand Meyer. Diss. Columbia 1969.

A. REITLER: Conrad Ferdinand Meyer. Eine literarische Skizze zu des Dichters 60. Geburtstage. Leipzig 1885.

P. REQUADT: Die Italiendichtung Conrad Ferdinand Meyers. In: P. Requadt: Die Bildersprache der deutschen Dichtung von Goethe bis Benn. Berlin 1962, S. 146–172.

S. REUTER: Die Allegorisierung von Natur und Landschaft. Formen und Funktionen der Metaphorik und Symbolik in Conrad Ferdinand Meyers „Die Richterin". München 2004.

M. RITZER (Hg.): Conrad Ferdinand Meyer. Die Wirklichkeit der Zeit und die Wahrheit der Kunst. Tübingen / Basel 2001.

J. RODENBERG: Erinnerungsblätter. Conrad Ferdinand Meyer. Ein Fragment aus dem Nachlaß seiner Schwester Betsy. In: Das literarische Echo. 15. Jahrgang, Heft 1, 1. Oktober 1912, Spalte 1 ff.

G. M. ROTH: Wahrheit oder Traum? Motive und Symbole in Conrad Ferdinand Meyers „Die Richterin". München 2017.

P. RUBENHOLZ / A. SOLBACH (Hg.): Schweizer Literaturgeschichte. Stuttgart 2007.

M. SALLOCH: Der Verlust der existenztragenden Wahrheit als Grundidee der Novellen Conrad Ferdinand Meyers. Bochum 1980.

C. SAND: Anomie und Identität. Zur Wirklichkeitsproblematik in der Prosa von C. F. Meyer. Stuttgart 1980.

C. SATKE: C. F. Meyer in seinem Verhältnis zur Geschichte anhand seiner Novellen. Wien 1940.

H. SCHLAFFER: Poetik der Novelle. Stuttgart / Weimar 1993.

H. SCHNIERLE: Conrad Ferdinand Meyer (Die großen Klassiker. Literatur der Welt in Bildern, Texten, Daten, Band 25). Salzburg 1982.

H. SIEGEL: Lieb und Lust und Leben. Die Welt des Kindes in der Dichtung Conrad Ferdinand Meyers. 1936.

C. E. SPEYER: Zur Entstehungsgeschichte von C. F. Meyers *Richterin*. In: Archiv für das Studium der neueren Sprachen und Literaturen, Band 128 (1912), S. 273–284.

P. G. SPITZER: Untersuchungen zur Geschichtsdichtung C. F. Meyers. Das Verhältnis von politisch-geschichtlicher Wirklichkeit und individuellen Motiven in den historischen Erzählungen. Köln 1980.

P. SPRENGEL: Von Luther zu Bismarck. Kulturkampf und nationale Identität bei Theodor Fontane, Conrad Ferdinand Meyer und Gerhart Hauptmann. Bielefeld 1999.

A. STEFFEN: Conrad Ferdinand Meyers lebendige Gestalt. Essays (Kunst & Kultur). 1937.

A. STEUERWALD: Das Todesproblem in der Dichtung Conrad Ferdinand Meyers. Diss. Frankfurt 1933.

H. STICKELSBERGER: Die Kunstmittel in Conrad Ferdinand Meyers Novellen. Burgdorf 1897.

O. STOESSL: Conrad Ferdinand Meyer (Die Literatur, 25). Berlin o. J. [1906].

E. SULGER-GEBING: C. F. Meyer Werke in ihrer Beziehung zur bildenden Kunst. In: Euphorion, Band 23 (1921), S. 422–495.

M. L. TAYLOR: A study oft he technique in Meyers „Novellen". Chicago 1909.

A. TEUTENBERG: Meyer, der Novellist. In: Die Grenzboten, 43. Berlin 1913.

G. THÜRER / P. HARDEN-RAUCH: Conrad Ferdinand Meyer. Bilder aus seinem Leben. Stuttgart 1967.

R. UNGER: Conrad Ferdinand Meyer als Dichter der heroischen Tragik. In: Rudolf Unger: Aufsätze zur Literatur- und Geistesgeschichte. Berlin 1929, S. 174–197.

A. WEBER: Deutsche Novellen des Realismus. Gattung, Geschichte, Interpretationen, Didaktik. München 1975.

B. WEBER: Conrad Ferdinand Meyer. Ein Porträt des Dichters (Ausstellungskatalog der Zentralbibliothek Zürich, 1975). Zürich 1975.

J. WEINGARTNER: C. F. Meyer nach seinem Leben und Dichten. Halle 1903.

B. VON WIESE: Novelle (Realien zur Literatur: Literaturgeschichte. Sammlung Metzler, 27). Stuttgart 1975.

L. WIESMANN: Conrad Ferdinand Meyer. Der Dichter des Todes und der Maske. Bern 1958.

W. D. WILLIAMS: The Stories of Conrad Ferdinand Meyer. Oxford 1962.

M. WÜNSCH: Die realitätsschaffende Kraft des Wortes. Zu C. F. Meyers „Die Richterin". In: Conrad Ferdinand Meyer im Kontext. Beiträge des Kilchberger Kolloquiums. Herausgegeben von Rosemarie Zeller (Euphorion, Heft 35). Heidelberg 2000, S. 77–95.

P. WÜST: Gottfried Keller und Conrad Ferdinand Meyer in ihrem persönlichen und literarischen Verhältnis. Leipzig 1911. – Nachdruckausgabe 2019.

H. WYSLING / E. LOTT-BÜTTIKER (Hg.): Conrad Ferdinand Meyer 1825–1898. Zürich 1998. – *Die Richterin* (1885), S. 372–390.

A. ZÄCH: Ironie in der Dichtung Conrad Ferdinand Meyers. Zürich 1956.

A. ZÄCH: Conrad Ferdinand Meyer. Dichtkunst als Befreiung aus Lebenshemmnissen. Frauenfeld / Stuttgart 1973.

A. ZÄCH / G. WELLMANN / B. WEBER: Conrad Ferdinand Meyers Jahre in Kilchberg. Kilchberg / Zürich 1975.

H. ZELLER: Meyer, Conrad Ferdinand. In: Neue Deutsche Biographie, Band 17. Berlin 1994, S. 299–303.

R. ZELLER (Hg.): Conrad Ferdinand Meyer im Kontext. Beiträge des Kilchberger Kolloquiums. Heidelberg 2000.

K. ZOBEL: Unerhörte Begebenheiten. Interpretationen und Analysen zu drei Novellen des 19. Jahrhunderts. Northeim 1994.

A. ZOLLIKOFER: Katalog der Conrad Ferdinand Meyer–Bibliothek in Kilchberg. Zürich 1964.

Literaturfilm

FILMTITEL: Violanta (1976–1977). – REGISSEUR: Leopold Lindberg. – DREHBUCHAUTOREN: Wolf Wondratscheck und Daniel Schmid.

Literatur-Schwerpunkt: Karl der Große (Auswahl)

Biographien

A. BARBERO: Karl der Große. Vater Europas. Stuttgart 2007.

M. BECHER: Karl der Große. München 2011; 7. Auflage 2021.

J. FRIED: Karl der Große. Gewalt und Glaube. Eine Biographie. München 2014.

D. HÄGERMANN: Karl der Große. Herrscher des Abendlandes. Berlin 2000.

W. HARTMANN: Karl der Große. Stuttgart 2010.

M. IMHOF / C. WINTERER: Karl der Große. Leben und Wirkung, Kunst und Architektur. Petersberg 2013.

R. MCKITTERICK: Karl der Große (Gestalten des Mittelalters und der Renaissance). Darmstadt 2008.

S. WEINFURTER: Karl der Große. Der heilige Barbar. München / Zürich 2014.

Überblicksdarstellungen

M. BECHER: Das Reich Karls des Großen. Stuttgart 2011.

J. W. BUSCH: Die Herrschaft der Karolinger. München 2011.

J. FRIED: Der Weg in die Geschichte. Die Ursprünge Deutschlands bis 1024 (Propyläen Geschichte Deutschlands) Berlin 1994.

P. RICHÉ: Die Karolinger. Eine Familie formt Europa. Stuttgart 1999.

R. SCHIEFFER: Die Karolinger. Stuttgart 5. Auflage 2014.

R. SCHIEFFER: Die Zeit des karolingischen Großreichs (714–887). (Handbuch der deutschen Geschichte, Band 2). Stuttgart 10. Auflage 2005.

R. SCHIEFFER: Christianisierung und Reichsbildung. Europa 700–1200. München 2013.

Rezeptionsgeschichte

B. BASTERT (Hg.): Karl der Große in den europäischen Literaturen des Mittelalters Konstruktion eines Mythos. Tübingen 2004.

W. BRAUNFELS (Hg.): Karl der Große. Lebenswerk und Nachleben. Band 4: Nachleben. Düsseldorf 1967.

P. BUTZER (Hg.): Karl der Große und sein Nachwirken. 1200 Jahre Kultur und Wissenschaft in Europa. 2 Bände. Brepols, Turnhout 1997.

F.-R. ERKENS (Hg.): Karl der Große in Renaissance und Moderne. Zur Rezeptionsgeschichte und Instrumentalisierung eines Herrscherbildes (Das Mittelalter. Perspektiven mediävistischer Forschung. Zeitschrift des Mediävistenverbandes, Bd. 4, 1999, Heft 2). Berlin 1999.

J. FRIED (Hg.): 794 – Karl der Große in Frankfurt. Ein König bei der Arbeit. Ausstellung zum 1200-Jahre-Jubiläum der Stadt Frankfurt am Main. Sigmaringen 1994.

F. FUCHS / D. KLEIN (Hg.): Karlsbilder in Kunst, Literatur und Wissenschaft. In: Akten eines interdisziplinären Symposions anlässlich des 1200. Todestages Karls des Großen (Rezeptionskulturen in Literatur- und Mediengeschichte, Band 1). Würzburg 2014.

A. HEUSER / M. T. WEMHOFF (Hg.): Karlsverehrung in Frankfurt am Main. Eine Ausstellung des Dommuseums Frankfurt und des Historischen Museums Frankfurt. Frankfurt 2000.

T. KRAUS / K. PABST (Hg.): Karl der Große und sein Nachleben in Geschichte, Kunst und Literatur. In: Akten eines interdisziplinären Symposions anlässlich des 200. Todestages Karls des Großen (Rezeptionskulturen in Literatur und Mediengeschichte, Band 1). Würzburg 2014.

F. POHLE (Hg.): Karl der Große – Charlemagne. Karls Kunst – Orte der Macht. Dresden 2014.

L.-E. SAURMA-JELTSCH: Karl der Große als vielberufener Vorfahr. Sein Bild in der Kunst der Fürsten, Kirchen und Städte (Schriften des Historischen Museums, Bd. 19). Sigmaringen 1994.

B. SCHNEIDMÜLLER: Sehnsucht nach Karl dem Großen. Vom Nutzen eines toten Kaisers für die Nachgeborenen. Die politische Instrumentalisierung Karls des Großen in 19. und 20. Jahrhundert. In: Geschichte in Wissenschaft und Unterricht 51, 2000, S. 284–301.

C. STIEGEMANN / M. WEMHOFF (Hg.): 799. Kunst und Kultur der Karolinger Zeit. Karl der Große und Papst Leo III. in Paderborn (Katalog der Ausstellung in Paderborn, 3 Bände). Mainz 1999.

J. STORY (Hg.): Charlemagne. Empire and Society. Manchester 2005.

Juristische Zeitgeschichte

Herausgeber: Prof. Dr. Dr. Dr. h.c. Thomas Vormbaum, FernUniversität in Hagen

Abteilung 1: Allgemeine Reihe

1 *Thomas Vormbaum (Hrsg.):* Die Sozialdemokratie und die Entstehung des Bürgerlichen Gesetzbuchs. Quellen aus der sozialdemokratischen Partei und Presse (1997)
2 *Heiko Ahlbrecht:* Geschichte der völkerrechtlichen Strafgerichtsbarkeit im 20. Jahrhundert (1999)
3 *Dominik Westerkamp:* Pressefreiheit und Zensur im Sachsen des Vormärz (1999)
4 *Wolfgang Naucke:* Über die Zerbrechlichkeit des rechtsstaatlichen Strafrechts. Gesammelte Aufsätze zur Strafrechtsgeschichte (2000)
5 *Jörg Ernst August Waldow:* Der strafrechtliche Ehrenschutz in der NS-Zeit (2000)
6 *Bernhard Diestelkamp:* Rechtsgeschichte als Zeitgeschichte. Beiträge zur Rechtsgeschichte des 20. Jahrhunderts (2001)
7 *Michael Damnitz:* Bürgerliches Recht zwischen Staat und Kirche. Mitwirkung der Zentrumspartei am Bürgerlichen Gesetzbuch (2001)
8 *Massimo Nobili:* Die freie richterliche Überzeugungsbildung. Reformdiskussion und Gesetzgebung in Italien, Frankreich und Deutschland seit dem Ausgang des 18. Jahrhunderts (2001)
9 *Diemut Majer:* Nationalsozialismus im Lichte der Juristischen Zeitgeschichte (2002)
10 *Bianca Vieregge:* Die Gerichtsbarkeit einer „Elite". Nationalsozialistische Rechtsprechung am Beispiel der SS- und Polizeigerichtsbarkeit (2002)
11 *Norbert Berthold Wagner:* Die deutschen Schutzgebiete (2002)
12 *Miloš Vec:* Die Spur des Täters. Methoden der Identifikation in der Kriminalistik (1879–1933), (2002)
13 *Christian Amann:* Ordentliche Jugendgerichtsbarkeit und Justizalltag im OLG-Bezirk Hamm von 1939 bis 1945 (2003)
14 *Günter Gribbohm:* Das Reichskriegsgericht (2004)
15 *Martin M. Arnold:* Pressefreiheit und Zensur im Baden des Vormärz. Im Spannungsfeld zwischen Bundestreue und Liberalismus (2003)
16 *Ettore Dezza:* Beiträge zur Geschichte des modernen italienischen Strafrechts (2004)
17 *Thomas Vormbaum (Hrsg.):* „Euthanasie" vor Gericht. Die Anklageschrift des Generalstaatsanwalts beim OLG Frankfurt/M. gegen Werner Heyde u. a. vom 22. Mai 1962 (2005)
18 *Kai Cornelius:* Vom spurlosen Verschwindenlassen zur Benachrichtigungspflicht bei Festnahmen (2006)
19 *Kristina Brümmer-Pauly:* Desertion im Recht des Nationalsozialismus (2006)
20 *Hanns-Jürgen Wiegand:* Direktdemokratische Elemente in der deutschen Verfassungsgeschichte (2006)
21 *Hans-Peter Marutschke (Hrsg.):* Beiträge zur modernen japanischen Rechtsgeschichte (2006)
22 *Katrin Stoll:* Die Herstellung der Wahrheit (2011)

23 *Thorsten Kurtz:* Das Oberste Rückerstattungsgericht in Herford (2014)
24 *Sebastian Schermaul:* Die Umsetzung der Karlsbader Beschlüsse an der Universität Leipzig 1819–1848 (2013)
25 *Minoru Honda:* Beiträge zur Geschichte des japanischen Strafrechts (2020)
26 *Michael Seiters:* Das strafrechtliche Schuldprinzip. Im Spannungsfeld zwischen philosophischem, theologischem und juridischem Verständnis von Schuld (2020)

Abteilung 2: Forum Juristische Zeitgeschichte

1 *Franz-Josef Düwell / Thomas Vormbaum (Hrsg.):* Themen juristischer Zeitgeschichte (1) – Schwerpunktthema: Recht und Nationalsozialismus (1998)
2 *Karl-Heinz Keldungs:* Das Sondergericht Duisburg 1943–1945 (1998)
3 *Franz-Josef Düwell / Thomas Vormbaum (Hrsg.):* Themen juristischer Zeitgeschichte (2) – Schwerpunktthema: Recht und Juristen in der Revolution von 1848/49 (1998)
4 *Thomas Vormbaum:* Beiträge zur juristischen Zeitgeschichte (1999)
5 *Franz-Josef Düwell / Thomas Vormbaum:* Themen juristischer Zeitgeschichte (3), (1999)
6 *Thomas Vormbaum (Hrsg.):* Themen juristischer Zeitgeschichte (4), (2000)
7 *Frank Roeser:* Das Sondergericht Essen 1942–1945 (2000)
8 *Heinz Müller-Dietz:* Recht und Nationalsozialismus – Gesammelte Beiträge (2000)
9 *Franz-Josef Düwell (Hrsg.):* Licht und Schatten. Der 9. November in der deutschen Geschichte und Rechtsgeschichte – Symposium der Arnold-Freymuth-Gesellschaft, Hamm (2000)
10 *Bernd-Rüdiger Kern / Klaus-Peter Schroeder (Hrsg.):* Eduard von Simson (1810–1899). „Chorführer der Deutschen" und erster Präsident des Reichsgerichts (2001)
11 *Norbert Haase / Bert Pampel (Hrsg.):* Die Waldheimer „Prozesse" – fünfzig Jahre danach. Dokumentation der Tagung der Stiftung Sächsische Gedenkstätten am 28. und 29. September in Waldheim (2001)
12 *Wolfgang Form (Hrsg.):* Literatur- und Urteilsverzeichnis zum politischen NS-Strafrecht (2001)
13 *Sabine Hain:* Die Individualverfassungsbeschwerde nach Bundesrecht (2002)
14 *Gerhard Pauli / Thomas Vormbaum (Hrsg.):* Justiz und Nationalsozialismus – Kontinuität und Diskontinuität. Fachtagung in der Justizakademie des Landes NRW, Recklinghausen, am 19. und 20. November 2001 (2003)
15 *Mario Da Passano (Hrsg.):* Europäische Strafkolonien im 19. Jahrhundert. Internationaler Kongreß des Dipartimento di Storia der Universität Sassari und des Parco nazionale di Asinara, Porto Torres, 25. Mai 2001 (2006)
16 *Sylvia Kesper-Biermann / Petra Overath (Hrsg.):* Die Internationalisierung von Strafrechtswissenschaft und Kriminalpolitik (1870–1930). Deutschland im Vergleich (2007)
17 *Hermann Weber (Hrsg.):* Literatur, Recht und Musik. Tagung im Nordkolleg Rendsburg vom 16. bis 18. September 2005 (2007)
18 *Hermann Weber (Hrsg.):* Literatur, Recht und (bildende) Kunst. Tagung im Nordkolleg Rendsburg vom 21. bis 23. September 2007 (2008)
19 *Francisco Muñoz Conde / Thomas Vormbaum (Hrsg.):* Transformation von Diktaturen in Demokratien und Aufarbeitung der Vergangenheit (2010)

20 *Kirsten Scheiwe / Johanna Krawietz* (Hrsg.): (K)Eine Arbeit wie jede andere? Die Regulierung von Arbeit im Privathaushalt (2014)
21 *Helmut Irmen:* Das Sondergericht Aachen 1941–1945 (2018)

Abteilung 3: Beiträge zur modernen deutschen Strafgesetzgebung. Materialien zu einem historischen Kommentar

1 *Thomas Vormbaum / Jürgen Welp (Hrsg.):* Das Strafgesetzbuch seit 1870. Sammlung der Änderungen und Neubekanntmachungen; fünf Textbände (1999–2017) und drei Supplementbände (2005, 2006)
2 *Christian Müller:* Das Gewohnheitsverbrechergesetz vom 24. November 1933. Kriminalpolitik als Rassenpolitik (1998)
3 *Maria Meyer-Höger:* Der Jugendarrest. Entstehung und Weiterentwicklung einer Sanktion (1998)
4 *Kirsten Gieseler:* Unterlassene Hilfeleistung – § 323c StGB. Reformdiskussion und Gesetzgebung seit 1870. (1999)
5 *Robert Weber:* Die Entwicklung des Nebenstrafrechts 1871–1914 (1999)
6 *Frank Nobis:* Die Strafprozeßgesetzgebung der späten Weimarer Republik (2000)
7 *Karsten Felske:* Kriminelle und terroristische Vereinigungen – §§ 129, 129a StGB (2002)
8 *Ralf Baumgarten:* Zweikampf – §§ 201–210 a.F. StGB (2003)
9 *Felix Prinz:* Diebstahl – §§ 242 ff. StGB (2003)
10 *Werner Schubert / Thomas Vormbaum (Hrsg.):* Entstehung des Strafgesetzbuchs. Kommissionsprotokolle und Entwürfe. Band 1: 1869 (2002); Band 2: 1870 (2004)
11 *Lars Bernhard:* Falsche Verdächtigung (§§ 164, 165 StGB) und Vortäuschen einer Straftat (§ 145d StGB), (2003)
12 *Frank Korn:* Körperverletzungsdelikte – §§ 223 ff., 340 StGB. Reformdiskussion und Gesetzgebung von 1870 bis 1933 (2003)
13 *Christian Gröning:* Körperverletzungsdelikte – §§ 223 ff., 340 StGB. Reformdiskussion und Gesetzgebung seit 1933 (2004)
14 *Sabine Putzke:* Die Strafbarkeit der Abtreibung in der Kaiserzeit und in der Weimarer Zeit. Eine Analyse der Reformdiskussion und der Straftatbestände in den Reformentwürfen (1908–1931), (2003)
15 *Eckard Voßiek:* Strafbare Veröffentlichung amtlicher Schriftstücke (§ 353d Nr. 3 StGB). Gesetzgebung und Rechtsanwendung seit 1851 (2004)
16 *Stefan Lindenberg:* Brandstiftungsdelikte – §§ 306 ff. StGB. Reformdiskussion und Gesetzgebung seit 1870 (2004)
17 *Ninette Barreneche†:* Materialien zu einer Strafrechtsgeschichte der Münchener Räterepublik 1918/1919 (2004)
18 *Carsten Thiel:* Rechtsbeugung – § 339 StGB. Reformdiskussion und Gesetzgebung seit 1870 (2005)
19 *Vera Große-Vehne:* Tötung auf Verlangen (§ 216 StGB), „Euthanasie" und Sterbehilfe. Reformdiskussion und Gesetzgebung seit 1870 (2005)
20 *Thomas Vormbaum / Kathrin Rentrop (Hrsg.):* Reform des Strafgesetzbuchs. Sammlung der Reformentwürfe. Band 1: 1909 bis 1919. Band 2: 1922 bis 1939. Band 3: 1959 bis 1996 (2008)

21 *Dietmar Prechtel:* Urkundendelikte (§§ 267 ff. StGB). Reformdiskussion und Gesetzgebung seit 1870 (2005)
22 *Ilya Hartmann:* Prostitution, Kuppelei, Zuhälterei. Reformdiskussion und Gesetzgebung seit 1870 (2006)
23 *Ralf Seemann:* Strafbare Vereitelung von Gläubigerrechten (§§ 283 ff., 288 StGB). Reformdiskussion und Gesetzgebung seit 1870 (2006)
24 *Andrea Hartmann:* Majestätsbeleidigung (§§ 94 ff. StGB a.F.) und Verunglimpfung des Staatsoberhauptes (§ 90 StGB). Reformdiskussion und Gesetzgebung seit dem 19. Jahrhundert (2006)
25 *Christina Rampf:* Hausfriedensbruch (§ 123 StGB). Reformdiskussion und Gesetzgebung seit 1870 (2006)
26 *Christian Schäfer:* „Widernatürliche Unzucht" (§§ 175, 175a, 175b, 182, a.F. StGB). Reformdiskussion und Gesetzgebung seit 1945 (2006)
27 *Kathrin Rentrop:* Untreue und Unterschlagung (§§ 266 und 246 StGB). Reformdiskussion und Gesetzgebung seit dem 19. Jahrhundert (2007)
28 *Martin Asholt:* Straßenverkehrsstrafrecht. Reformdiskussion und Gesetzgebung seit dem Ausgang des 19. Jahrhunderts (2007)
29 *Katharina Linka:* Mord und Totschlag (§§ 211–213 StGB). Reformdiskussion und Gesetzgebung seit 1870 (2008)
30 *Juliane Sophia Dettmar:* Legalität und Opportunität im Strafprozess. Reformdiskussion und Gesetzgebung von 1877 bis 1933 (2008)
31 *Jürgen Durynek:* Korruptionsdelikte (§§ 331 ff. StGB). Reformdiskussion und Gesetzgebung seit dem 19. Jahrhundert (2008)
32 *Judith Weber:* Das sächsische Strafrecht im 19. Jahrhundert bis zum Reichsstrafgesetzbuch (2009)
33 *Denis Matthies:* Exemplifikationen und Regelbeispiele. Eine Untersuchung zum 100-jährigen Beitrag von Adolf Wach zur „Legislativen Technik" (2009)
34 *Benedikt Rohrßen:* Von der „Anreizung zum Klassenkampf" zur „Volksverhetzung" (§ 130 StGB). Reformdiskussion und Gesetzgebung seit dem 19. Jahrhundert (2009)
35 *Friederike Goltsche:* Der Entwurf eines Allgemeinen Deutschen Strafgesetzbuches von 1922 (Entwurf Radbruch) (2010)
36 *Tarig Elobied:* Die Entwicklung des Strafbefehlsverfahrens von 1846 bis in die Gegenwart (2010)
37 *Christina Müting:* Sexuelle Nötigung; Vergewaltigung (§ 177 StGB) (2010)
38 *Nadeschda Wilkitzki:* Entstehung des Gesetzes über Internationale Rechtshilfe in Strafsachen (IRG) (2010)
39 *André Brambring:* Kindestötung (§ 217 a.F. StGB). Reformdiskussion und Gesetzgebung seit 1870 (2010)
40 *Wilhelm Rettler:* Der strafrechtliche Schutz des sozialistischen Eigentums in der DDR (2010)
41 *Yvonne Hötzel:* Debatten um die Todesstrafe in der Bundesrepublik Deutschland von 1949 bis 1990 (2010)
42 *Dagmar Kolbe:* Strafbarkeit im Vorfeld und im Umfeld der Teilnahme (§§ 88a, 110, 111, 130a und 140 StGB). Reformdiskussion und Gesetzgebung seit dem 19. Jahrhundert (2011)
43 *Sami Bdeiwi:* Beischlaf zwischen Verwandten (§ 173 StGB). Reform und Gesetzgebung seit 1870 (2014)

44 *Michaela Arnold:* Verfall, Einziehung und Unbrauchbarmachung (§§ 73 bis 76a StGB). Reformdiskussion und Gesetzgebung seit dem 19. Jahrhundert (2015)
45 *Andrea Schurig:* „Republikflucht" (§§ 213, 214 StGB/DDR). Gesetzgeberische Entwicklung, Einfluss des MfS und Gerichtspraxis am Beispiel von Sachsen (2016)
46 *Sandra Knaudt:* Das Strafrecht im Großherzogtum Hessen im 19. Jahrhundert bis zum Reichsstrafgesetzbuch (2017)
47 *Michael Rudlof:* Das Gesetz zur Strafbarkeit der geschäftsmäßigen Förderung der Selbsttötung (§ 217 StGB nF.) (2018)
48 *Karl Müller:* Steuerhinterziehung (§§ 370, 371 AO). Gesetzgebung und Reformdiskussion seit dem 19. Jahrhundert (2018)
49 *Katharina Kühne:* Die Entwicklung des Internetstrafrechts unter besonderer Berücksichtigung der §§ 202a–202c StGB sowie § 303a und § 303b StGB (2018)
50 *Benedikt Beßmann:* Das Strafrecht des Herzogtums Braunschweig im 19. Jahrhundert bis zum Reichsstrafgesetzbuch (2019)
51 *Josef Roth:* Die Entwicklung des Weinstrafrechts seit 1871 (2020)
52 *Arne Fischer:* Die Legitimität des Sportwettbetrugs (§ 265c StGB). Unter besonderer Berücksichtigung des „Rechtsguts" Integrität des Sports (2020)
53 *Julius Hagen:* Die Nebenklage im Gefüge strafprozessualer Verletztenbeteiligung. Der Weg in die viktimäre Gesellschaft. Gesetzgebung und Reformdiskurs seit 1870 (2021)
54 *Teresa Frank:* Die Wiederaufnahme zuungunsten des Angeklagten im Strafverfahren. Reformdiskussion und Gesetzgebung seit dem Neunzehnten Jahrhundert (2022)

Abteilung 4: Leben und Werk. Biographien und Werkanalysen

1 *Mario A. Cattaneo:* Karl Grolmans strafrechtlicher Humanismus (1998)
2 *Gerit Thulfaut:* Kriminalpolitik und Strafrechtstheorie bei Edmund Mezger (2000)
3 *Adolf Laufs:* Persönlichkeit und Recht. Gesammelte Aufsätze (2001)
4 *Hanno Durth:* Der Kampf gegen das Unrecht. Gustav Radbruchs Theorie eines Kulturverfassungsrechts (2001)
5 *Volker Tausch:* Max Güde (1902–1984). Generalbundesanwalt und Rechtspolitiker (2002)
6 *Bernd Schmalhausen:* Josef Neuberger (1902–1977). Ein Leben für eine menschliche Justiz (2002)
7 *Wolf Christian von Arnswald:* Savigny als Strafrechtspraktiker. Ministerium für die Gesetzesrevision (1842–1848), (2003)
8 *Thilo Ramm:* Ferdinand Lassalle. Der Revolutionär und das Recht (2004)
9 *Martin D. Klein:* Demokratisches Denken bei Gustav Radbruch (2007)
10 *Francisco Muñoz Conde:* Edmund Mezger – Beiträge zu einem Juristenleben (2007)
11 *Whitney R. Harris:* Tyrannen vor Gericht. Das Verfahren gegen die deutschen Hauptkriegsverbrecher nach dem Zweiten Weltkrieg in Nürnberg 1945–1946 (2008)
12 *Eric Hilgendorf (Hrsg.):* Die deutschsprachige Strafrechtswissenschaft in Selbstdarstellungen (2010)

13 *Tamara Cipolla:* Friedrich Karl von Strombeck. Leben und Werk – Unter besonderer Berücksichtigung des Entwurfes eines Strafgesetzbuches für ein Norddeutsches Staatsgebiet (2010)
14 *Karoline Peters:* J.D.H. Temme und das preußische Strafverfahren in der Mitte des 19. Jahrhunderts (2010)
15 *Eric Hilgendorf (Hrsg.):* Die ausländische Strafrechtswissenschaft in Selbstdarstellungen. Die internationale Rezeption des deutschen Strafrechts (2019)
16 *Hannes Ludyga:* Otto Kahn-Freund (1900–1979). Ein Arbeitsrechtler in der Weimarer Zeit (2016)
17 *Rudolf Bastuck:* Rudolf Wassermann. Vision und Umsetzung einer inneren Justizreform (2020)
18 *Eric Hilgendorf (Hrsg.):* Die deutschsprachige Strafrechtswissenschaft in Selbstdarstellungen II (2021)

Abteilung 5: Juristisches Zeitgeschehen.
Rechtspolitik und Justiz aus zeitgenössischer Perspektive

Mitherausgegeben von Gisela Friedrichsen („Der Spiegel")
und RA Prof. Dr. Franz Salditt

1 *Diether Posser:* Anwalt im Kalten Krieg. Ein Stück deutscher Geschichte in politischen Prozessen 1951–1968. 3. Auflage (1999)
2 *Jörg Arnold (Hrsg.):* Strafrechtliche Auseinandersetzung mit Systemvergangenheit am Beispiel der DDR (2000)
3 *Thomas Vormbaum (Hrsg.):* Vichy vor Gericht: Der Papon-Prozeß (2000)
4 *Heiko Ahlbrecht / Kai Ambos (Hrsg.):* Der Fall Pinochet(s). Auslieferung wegen staatsverstärkter Kriminalität? (1999)
5 *Oliver Franz:* Ausgehverbot für Jugendliche („Juvenile Curfew") in den USA. Reformdiskussion und Gesetzgebung seit dem 19. Jahrhundert (2000)
6 *Gabriele Zwiehoff (Hrsg.):* „Großer Lauschangriff". Die Entstehung des Gesetzes zur Änderung des Grundgesetzes vom 26. März 1998 und des Gesetzes zur Änderung der Strafprozeßordnung vom 4. Mai 1998 in der Presseberichterstattung 1997/98 (2000)
7 *Mario A. Cattaneo:* Strafrechtstotalitarismus. Terrorismus und Willkür (2001)
8 *Gisela Friedrichsen / Gerhard Mauz:* Er oder sie? Der Strafprozeß Böttcher/Weimar. Prozeßberichte 1987 bis 1999 (2001)
9 *Heribert Prantl / Thomas Vormbaum (Hrsg.):* Juristisches Zeitgeschehen 2000 in der Süddeutschen Zeitung (2001)
10 *Helmut Kreicker:* Art. 7 EMRK und die Gewalttaten an der deutsch-deutschen Grenze (2002)
11 *Heribert Prantl / Thomas Vormbaum (Hrsg.):* Juristisches Zeitgeschehen 2001 in der Süddeutschen Zeitung (2002)
12 *Henning Floto:* Der Rechtsstatus des Johanniterordens. Eine rechtsgeschichtliche und rechtsdogmatische Untersuchung zum Rechtsstatus der Balley Brandenburg des ritterlichen Ordens St. Johannis vom Spital zu Jerusalem (2003)
13 *Heribert Prantl / Thomas Vormbaum (Hrsg.):* Juristisches Zeitgeschehen 2002 in der Süddeutschen Zeitung (2003)

14 *Kai Ambos / Jörg Arnold (Hrsg.):* Der Irak-Krieg und das Völkerrecht (2004)
15 *Heribert Prantl / Thomas Vormbaum (Hrsg.):* Juristisches Zeitgeschehen 2003 in der Süddeutschen Zeitung (2004)
16 *Sascha Rolf Lüder:* Völkerrechtliche Verantwortlichkeit bei Teilnahme an „Peacekeeping"-Missionen der Vereinten Nationen (2004)
17 *Heribert Prantl / Thomas Vormbaum (Hrsg.):* Juristisches Zeitgeschehen 2004 in der Süddeutschen Zeitung (2005)
18 *Christian Haumann:* Die „gewichtende Arbeitsweise" der Finanzverwaltung. Eine Untersuchung über die Aufgabenerfüllung der Finanzverwaltung bei der Festsetzung der Veranlagungssteuern (2008)
19 *Asmerom Ogbamichael:* Das neue deutsche Geldwäscherecht (2011)
20 *Lars Chr. Barnewitz:* Die Entschädigung der Freimaurerlogen nach 1945 und nach 1989 (2011)
21 *Ralf Gnüchtel:* Jugendschutztatbestände im 13. Abschnitt des StGB (2013)
22 *Helmut Irmen:* Stasi und DDR-Militärjustiz. Der Einfluss des MfS auf Militärjustiz und Militärstrafvollzug in der DDR (2014)
23 *Pascal Johann:* Möglichkeiten und Grenzen des neuen Vermögenschabschöpfungsrechts. Eine Untersuchung zur vorläufigen Sicherstellung und der Einziehung von Vermögen unklarer Herkunft (2019)
24 *Zekai Dağaşan:* Das Ansehen des Staates im türkischen und deutschen Strafrecht (2015)
25 *Camilla Bertheau:* Politisch unwürdig? Entschädigung von Kommunisten für nationalsozialistische Gewaltmaßnahmen. Bundesdeutsche Gesetzgebung und Rechtsprechung der 50er Jahre (2016)
26 *Anja J. Weissbrodt:* Etwas Besseres als den Tod – Aktuelle Regelung der Suizidbeihilfe und ihre Auswirkungen auf die Ärzteschaft (2021)

Abteilung 6: Recht in der Kunst – Kunst im Recht

Mitherausgegeben von Prof. Dr. Gunter Reiß
und Prof. Dr. Anja Schiemann

1 *Heinz Müller-Dietz:* Recht und Kriminalität im literarischen Widerschein. Gesammelte Aufsätze (1999)
2 *Klaus Lüderssen (Hrsg.):* »Die wahre Liberalität ist Anerkennung«. Goethe und die Juris prudenz (1999)
3 *Bertolt Brecht:* Die Dreigroschenoper (1928) / Dreigroschenroman (1934). Mit Kommentaren von Iring Fetscher und Bodo Plachta (2001)
4 *Annette von Droste-Hülshoff:* Die Judenbuche (1842) / Die Vergeltung (1841). Mit Kommentaren von Heinz Holzhauer und Winfried Woesler (2000)
5 *Theodor Fontane:* Unterm Birnbaum (1885). Mit Kommentaren von Hugo Aust und Klaus Lüderssen (2001)
6 *Heinrich von Kleist:* Michael Kohlhaas (1810). Mit Kommentaren von Wolfgang Naucke und Joachim Linder (2000)
7 *Anja Sya:* Literatur und juristisches Erkenntnisinteresse. Joachim Maass' Roman „Der Fall Gouffé" und sein Verhältnis zu der historischen Vorlage (2001)

8 *Heiner Mückenberger:* Theodor Storm – Dichter und Richter. Eine rechtsgeschichtliche Lebensbeschreibung (2001)
9 *Hermann Weber (Hrsg.):* Annäherung an das Thema „Recht und Literatur". Recht, Literatur und Kunst in der NJW (1), (2002)
10 *Hermann Weber (Hrsg.):* Juristen als Dichter. Recht, Literatur und Kunst in der NJW (2), (2002)
11 *Hermann Weber (Hrsg.):* Prozesse und Rechtsstreitigkeiten um Recht, Literatur und Kunst. Recht, Literatur und Kunst in der NJW (3), (2002)
12 *Klaus Lüderssen:* Produktive Spiegelungen. 2., erweiterte Auflage (2002)
13 *Lion Feuchtwanger:* Erfolg. Drei Jahre Geschichte einer Provinz. Roman (1929). Mit Kommentaren von Theo Rasehorn und Ernst Ribbat (2002)
14 *Jakob Wassermann:* Der Fall Maurizius. Roman (1928). Mit Kommentaren von Thomas Vormbaum und Regina Schäfer (2003)
15 *Hermann Weber (Hrsg.):* Recht, Staat und Politik im Bild der Dichtung. Recht, Literatur und Kunst in der Neuen Juristischen Wochenschrift (4), (2003)
16 *Hermann Weber (Hrsg.):* Reale und fiktive Kriminalfälle als Gegenstand der Literatur. Recht, Literatur und Kunst in der Neuen Juristischen Wochenschrift (5), (2003)
17 *Karl Kraus:* Sittlichkeit und Kriminalität. (1908). Mit Kommentaren von Helmut Arntzen und Heinz Müller-Dietz (2004)
18 *Hermann Weber (Hrsg.):* Dichter als Juristen. Recht, Literatur und Kunst in der Neuen Juristischen Wochenschrift (6), (2004)
19 *Hermann Weber (Hrsg.):* Recht und Juristen im Bild der Literatur. Recht, Literatur und Kunst in der Neuen Juristischen Wochenschrift (7), (2005)
20 *Heinrich von Kleist:* Der zerbrochne Krug. Ein Lustspiel (1811). Mit Kommentaren von Michael Walter und Regina Schäfer (2005)
21 *Francisco Muñoz Conde / Marta Muñoz Aunión:* „Das Urteil von Nürnberg". Juristischer und filmwissenschaftlicher Kommentar zum Film von Stanley Kramer (1961), (2006)
22 *Fjodor Dostojewski:* Aufzeichnungen aus einem Totenhaus (1860). Mit Kommentaren von Heinz Müller-Dietz und Dunja Brötz (2005)
23 *Thomas Vormbaum (Hrsg.):* Anton Matthias Sprickmann. Dichter und Jurist. Mit Kommentaren von Walter Gödden, Jörg Löffler und Thomas Vormbaum (2006)
24 *Friedrich Schiller:* Verbrecher aus Infamie (1786). Mit Kommentaren von Heinz Müller-Dietz und Martin Huber (2006)
25 *Franz Kafka:* Der Proceß. Roman (1925). Mit Kommentaren von Detlef Kremer und Jörg Tenckhoff (2006)
26 *Heinrich Heine:* Deutschland. Ein Wintermährchen. Geschrieben im Januar 1844. Mit Kommentaren von Winfried Woesler und Thomas Vormbaum (2006)
27 *Thomas Vormbaum (Hrsg.):* Recht, Rechtswissenschaft und Juristen im Werk Heinrich Heines (2006)
28 *Heinz Müller-Dietz:* Recht und Kriminalität in literarischen Spiegelungen (2007)
29 *Alexander Puschkin:* Pique Dame (1834). Mit Kommentaren von Barbara Aufschnaiter/Dunja Brötz und Friedrich-Christian Schroeder (2007)
30 *Georg Büchner:* Danton's Tod. Dramatische Bilder aus Frankreichs Schreckensherrschaft. Mit Kommentaren von Sven Kramer und Bodo Pieroth (2007)

31 *Daniel Halft:* Die Szene wird zum Tribunal! Eine Studie zu den Beziehungen von Recht und Literatur am Beispiel des Schauspiels „Cyankali" von Friedrich Wolf (2007)
32 *Erich Wulffen:* Kriminalpsychologie und Psychopathologie in Schillers Räubern (1907). Herausgegeben von Jürgen Seul (2007)
33 *Klaus Lüderssen:* Produktive Spiegelungen: Recht in Literatur, Theater und Film. Band II (2007)
34 *Albert Camus:* Der Fall. Roman (1956). Mit Kommentaren von Brigitte Sändig und Sven Grotendiek (2008)
35 *Thomas Vormbaum (Hrsg.):* Pest, Folter und Schandsäule. Der Mailänder Prozess wegen „Pestschmierereien" in Rechtskritik und Literatur. Mit Kommentaren von Ezequiel Malarino und Helmut C. Jacobs (2008)
36 *E.T.A. Hoffmann:* Das Fräulein von Scuderi – Erzählung aus dem Zeitalter Ludwigs des Vierzehnten (1819). Mit Kommentaren von Heinz Müller-Dietz und Marion Bönnighausen (2010)
37 *Leonardo Sciascia:* Der Tag der Eule. Mit Kommentaren von Gisela Schlüter und Daniele Negri (2010)
38 *Franz Werfel:* Eine blaßblaue Frauenschrift. Novelle (1941). Mit Kommentaren von Matthias Pape und Wilhelm Brauneder (2011)
39 *Thomas Mann:* Das Gesetz. Novelle (1944). Mit Kommentaren von Volker Ladenthin und Thomas Vormbaum (2013)
40 *Theodor Storm:* Ein Doppelgänger. Novelle (1886) (2013)
41 *Dorothea Peters:* Der Kriminalrechtsfall ‚Kaspar Hauser' und seine Rezeption in Jakob Wassermanns Caspar-Hauser-Roman (2014)
42 *Jörg Schönert:* Kriminalität erzählen (2015)
43 *Klaus Lüderssen:* Produktive Spiegelungen. Recht im künstlerischen Kontext. Band 3 (2014)
44 *Franz Kafka:* In der Strafkolonie. Erzählung (1919) (2015)
45 *Heinz Müller-Dietz:* Recht und Kriminalität in literarischen Brechungen (2016)
46 *Hermann Weber (Hrsg.):* Das Recht als Rahmen für Literatur und Kunst. Tagung im Nordkolleg Rendsburg vom 4. bis 6. September 2015 (2017)
47 *Walter Müller-Seidel:* Rechtsdenken im literarischen Text. Deutsche Literatur von der Weimarer Klassik zur Weimarer Republik (2017)
48 *Honoré de Balzac:* Eine dunkle Geschichte. Roman (1841). Mit Kommentaren von Luigi Lacchè und Christian von Tschilschke (2018)
49 *Anja Schiemann:* Der Kriminalfall Woyzeck. Der historische Fall und Büchners Drama (2018)
50 *E.T.A. Hoffmann:* Meister Floh. Ein Mährchen in sieben Abentheuern zweier Freunde (1822). Mit Kommentaren von Michael Niehaus und Thomas Vormbaum (2018)
51 *Bodo Pieroth:* Deutsche Schriftsteller als angehende Juristen (2018)
52 *Theodor Fontane:* Grete Minde. Nach einer altmärkischen Chronik (1880). Mit Kommentaren von Anja Schiemann und Walter Zimorski (2018)
53 *Britta Lange / Martin Roeber / Christoph Schmitz-Scholemann (Hrsg.):* Grenzüberschreitungen: Recht, Normen, Literatur und Musik. Tagung im Nordkolleg Rendsburg vom 8. bis 10. September 2017 (2019)
54 *Wolfgang Schild*: Richard Wagner *recht* betrachtet (2020)

55 *Uwe Scheffler u.a. (Hrsg.)*: Musik und Strafrecht. Ein Streifzug durch eine tönende Welt (2021)
56 *Britta Lange / Martin Roeber / Christoph Schmitz-Scholemann (Hrsg.)*: Verbrechen und Sprache. Tagung im Nordkolleg Rendsburg vom 13. bis 15. September 2019 (2021)
57 *Dirk Falkner*: Straftheorie von Leo Tolstoi (2021)
58 *Dela-Madeleine Halecker u.a. (Hrsg.)*: Kunst und Strafrecht. Eine Reise durch eine schillernde Welt (2022)
59 *Robert Louis Stevenson*: Der seltsame Fall von Dr. Jekyll und Mr. Hyde. 1886. Mit Kommentaren von Anja Schiemann und Burkhard Niederhoff (2022)
60 *Conrad Ferdinand Meyer*: Die Richterin. Novelle. 1885. (2022)

Abteilung 7: Beiträge zur Anwaltsgeschichte

Mitherausgegeben von RA Dr. Dieter Finzel (†), RA Dr. Tilman Krach; RA Dr. Thomas Röth; RA Dr. Ulrich Wessels; Prof. Dr. Gabriele Zwiehoff

1 *Babette Tondorf:* Strafverteidigung in der Frühphase des reformierten Strafprozesses. Das Hochverratsverfahren gegen die badischen Aufständischen Gustav Struve und Karl Blind (1848/49), (2006)
2 *Hinrich Rüping:* Rechtsanwälte im Bezirk Celle während des Nationalsozialismus (2007)
3 *Dieter Finzel:* Geschichte der Rechtsanwaltskammer Hamm (2018)

Abteilung 8: Judaica

1 *Hannes Ludyga:* Philipp Auerbach (1906–1952). „Staatskommissar für rassisch, religiös und politisch Verfolgte" (2005)
2 *Thomas Vormbaum:* Der Judeneid im 19. Jahrhundert, vornehmlich in Preußen. Ein Beitrag zur juristischen Zeitgeschichte (2006)
3 *Hannes Ludyga:* Die Rechtsstellung der Juden in Bayern von 1819 bis 1918. Studie im Spiegel der Verhandlungen der Kammer der Abgeordneten des bayerischen Landtags (2007)
4 *Michele Sarfatti:* Die Juden im faschistischen Italien. Geschichte, Identität, Verfolgung (2014)

Abteilung 9: Beiträge zur modernen Verfassungsgeschichte

1 *Olaf Kroon: Die Verfassung von Cádiz (1812). Spaniens Sprung in die Moderne, gespiegelt an der Verfassung Kurhessens von 1831 (2019)*